太極拳透視

太極空無之境

眾妙之門・下卷 9

陳傳龍 著

｜目 錄｜

大 道 至 簡

為學日益，為道日損。

損之又損，以至於無為。

無為而無不為。

———《道德經》第四十八章

太極拳 透視

太極拳的道場在身體裡面。

2005/1/1 —— 以指頭呼吸，鼓動內勁練發。

1/2 —— 以意抗手臂被上拉或下壓，發力神妙（乃由於身鬆所產生之彈簧力）。

以柔身抗外力，很實在（勁在點圈等）。

1/3 —— 身內勁不可僵住，要活潑抽拉轉變，氣遍周身。推手是以柔粘人，全身柔透，求柔即可。

1/4 —— 先用腰動，以取動的方向，隨即腰不動用胯動，此是極妙的用腿方式。

1/5 —— 向倒的方向拉筋，**練敗倒勁**。

1/6 —— 檔胯腰不離地，無論如何動，不可離地。不離地則不浮、不敗、不倒。兩胯骨在飛，身要柔，周身舒暢，增進內勁。

緊吸地氣不離地。切不可亂動，必先求坐實，蓄勁如滿弓後再動。以開檔求身之柔和，以內呼吸為

之，如是則化發隨心。有時可用以胸腹氣拔不動胯腿檔似的，以穩實下盤，空鬆上身。

1/7 —— 力集胯頂動胯頂，胯頂呼吸敵萬人。

1/8 —— 下盤不離地，功極大。求周身舒暢奧妙生。先有不舒才能有舒，一舒即反敗為勝。常常動一下腿就要使一下力，切記不可使力。

1/9 —— 走架時檔腿下盤有阻滯，即以氣轉化之，可用腿作呼吸。倒就倒，反不倒。

　　彼以俗心以力推我，我以道心避而讓之因應，以身內著力點穩身柔身，吸之化之。逢頂即將僵處虛空粉碎（求舒即可），化之發之，與用推的層次格局不同。

1/12 —— 下盤不離地，以鬆上盤。

　　運動的目的在求周身之清虛，過程中求把僵消去，消僵就生柔勁，能柔而生清虛。

1/13 —— 身要能柔，著力處是關鍵，要著力於踵，或

一個點，不可因著力而使身硬。

1/16 —— 一想無極一點彼即出，處處可用，妙！

1/17 —— 怪，愈怪愈好，愈怪愈柔。要運動平時運動不到的筋膜，增加動能。

1/18 —— 運動即作怪樣，作怪樣即身柔跟穩，隨時都要做。力集一點，周身即可清虛。

　　求一點，可不固定位置，能發出勁即可，在身內找出一點。

1/19 —— 一動即怪，即怪即柔，即可丟卻先天之己能。太極拳是棄先天己能不用的拳術，亦即是棄外力而就內勁。

1/21 —— 勁留在大腿中轉，全不外洩，行住坐臥都在做，以轉腳勁助之。此乃呼吸，為的是求穩身活身柔身，勁向下合腳。

　　先三虛包一實（一腿是實，另一腿與兩手臂是虛），後一實轉三虛，此不若轉檔內點好。

　　要沉著，即心靜不慌亂，一定要沉著，乃能空鬆。

1/22 —— 勁集於腿，於腿呼吸，氣集於腿。

　　腿呼吸非常實用，以膝、小腿交替行之較為便利，不可著於一處，著於一處不靈活，以膝為主。

1/23 —— 舒字解萬困，我愈舒，彼愈不舒。舒即可柔。

　　活腳勁，前後左右彷彿要倒似的，但不真倒，使勁在腳中流動，任何動都要這樣。

　　吸不吸，呼不呼，留給腳勁流。

　　以怪求舒破萬招，身不動活腳勁。用腿化，一有壓力即放空下瀉，發人百發百中。

1/24 —— 旋襠中無極點，一轉即太極，其功非同小可。轉身外點，地下點亦可，全在神意想。一切動全運歸於轉點。

1/25 —— 接敵不接，推手不推，以舒應之，以靜制動。

　　轉身外之點，練內氣極佳。

1、任何姿式動作，竭力做到勁在胯腿腳中運轉。
用怪姿旋踝求之。

2、為何要力集於胯腿？為求周身柔綿，腿有實勁。
做任何動作必求怪，一怪則力集於胯腿，身柔
腿穩。

2/1 ──

1、發勁不是力發出身加於人，而是發出自己身內
力。進而不是發力，而是消散力，騰空力，以
化為內勁。

2、心中以腿來應對，隨時保持可用腿之勢，則上
身空鬆，周身勁整。

3、隨時用坐，不可用站的心態，則上身才空鬆，
勁下沉於腿，腿勁穩實。

4、心做身不做，如出拳出腿，心出身不出，這樣
才是真。此全是意。

5、勤轉胯，各種姿態轉，分別轉，合一轉，檔中
無極點轉，地下點轉，均可進功。

6、以呼吸消失自己，呼而不呼，吸而不吸，消失
自己，使人不知。

2/2 —— 全交給氣勁呼吸，以救急救危。「**屈伸開合
聽自由**」，內為筋骨自由，外為形之自由。

腿充足氣勁，隨時準備攻守，上身即空，即不懼
來者，以騎馬勢為之。

2/4 —— 把撐到的肌肉軟下去就不倒。

在前後皮毛作上下運氣，迴轉極靈活，局部流動
即可。內氣不可滯在身內成板塊狀，要行於皮毛，斂
入骨。呼吸在皮毛。

2/6 —— 消了先天之能最厲害，並心中想學動物更
強。

2/7 —— 無論用何處均可呼吸，是內呼吸，非鼻呼吸
空氣。太極拳所以不在身形姿式，因全是內在運作。

2/9 ——

1、靜功，一動隨即求靜，在動中求靜，這也是消
先天能，靜中之力甚大。動即是先天之能。

2、心想在腳跟中打拳，別有妙趣。

2/10 —— 怪中求柔乃得真，怪怪求柔神要攻。

以柔身應被擊之心，隨時練，如此即產生呼吸，一擊一呼吸。

2/11 —— 動也求丟身放鬆，靜也求丟身放鬆。以意鼓臂勁，即氣充周身。

2/13 —— 不怪不成拳。
單練鶴翔功—翅在胯，頸在脊，不停飛翔。

2/14 —— 氣不能亂走，要著跟於胯、踝等處。一動即求靜，求靜即消失先天已能。

2/15 —— 力壓縮在骨節中，打拳時不要流到外面。
消失力仍有力，這個力就是勁，所以有外力內勁之分。

2/16 —— 學到消力確是無上功，鬆柔之母。身垮，處處垮，尋找需垮處垮。小腿垮身自垮，骨鬆肌肉沉，呼吸也要這樣，都是在求消力。

2/18 —— 腕中點接腰胯、接內力，氣勁足，很好用。
腕點帶動身勁，周身氣活。

2/20 —— 勁根停留在腳上，腳底前後運勁，使勁不上升，留在小腿，不超過膝。

努力以意力用腿，腿內氣在呼吸。

2/22 —— 腕點，腕點，腕中點。

2/25 —— 消失自己即消失有形肢體之能，是最好的鬆。即是消己消力去先天，丟棄自身。老子曰：「**及吾無身，吾有何患？**」（道德經第十三章），脫骨飛昇。

怪身柔腳身全柔，倒時將上下吸入帶脈，配以柔腳就不倒。

2/27 —— 發勁用喘氣，全是氣勁。力全在小腿與腳，上身才柔，如在上身，上身必僵。氣著力於指趾不能斷。勁集膝頭，他處與膝配合運作，喘氣在踵。

3/1 —— 走架是姿形整體變化，姿形用腰胯腳變，千萬不可用自己方式打拳式。

3/2 —— 走架必以腰胯動而被擋住似的，即生內動，貴在熟練。用時使彼落空最為重要，即不頂。

3/3 ── 氣充全身，變化在腿的皮毛筋肉，變化萬能。

倒時用身上著力點撐，身即柔。

3/4 ── 呼吸喘氣優先於動，呼吸用喘氣之心，氣即沉於丹田。

3/5 ── 前記用招式發放，功實是在丟肩肘勁，以顯檔胯勁，不在姿式之用。

3/6 ── 以骨鼓勁，以骨呼吸喘氣，身自柔中寓剛。要柔身，就要用周身無力之心。

3/7 ── 用皮毛作內呼吸，以骨喘氣。

拳形姿式的作用，不在上面手形，而是以腰打腿、變腿、柔腿，產生內動。

形用胯變，實胯變虛胯，實胯吸回虛胯來變。

3/8 ── 要動即動腿，以腿呼吸，隱身動腿，並非動形。

氣集於臀及後大腿，為周身氣之重心，如果再想背膝，發出的勁即大。

3/11 —— 足中光向上反照小腿膝胯，練腿中氣勁。

3/12 —— 分檔胯生腿力，發勁大。

3/14 —— 氣勁不斷下掛，似玉漿下流。

3/15 —— 上讓下動，要讓，用身上一處動，身上一處發，同用點之功，讓勁下掛。

3/16 —— 發放以全身轉無極點（心中意想之點），產生旋力。

落檔、落胯、軟腿、扎跟，讓腰胯落下去，以胸背吊之。完全用軟腿來化，怎麼勢就怎麼軟，軟則無力，無力則純剛。

3/17 —— 一定要有陰陽，如伸縮、進退、動靜都要相生相寅，才有內勁的變化。

欲加力於人，反用吸人之力之心，方有內勁。

3/18 —— 腳掌儘量輕輕不著地，好像地會碎的一樣，則身柔。

意在皮毛，用皮毛只用意，則身空，用以發放即

15

是全身勁，這已去盡僵力，釋放全部內勁。身愈柔勁愈出，用皮毛身即全柔、勁大，乃全身之勁。轉動檔中點集天地氣，再以皮毛吸髓，內勁方強。

自己揉自己周身，不是用壓而是用伸縮扭絞，以內呼吸揉身。

3/19 —— 用有物在檔中沉掛下去之意。承人之力勝過用腿化之功。

3/20 —— 彼再厲害，我脫離消失，不接彼力，彼又奈何！以消失己身以柔身，以踵為根，身乃全鬆。柔身錯勁即成呼吸，產生氣勁。

3/22 —— 轉手背足背上之一點（無極點），通周身氣。動腰胯內之內勁，帶動周身勁。

放空身內勁，勁自到手，勁才大，不是用用力打出去。

騰空己身，手上力也要空了，消了先天能，內勁乃生。太極拳之本，乃鬆。

3/24 —— 空了腳跟再打，勁就強。

3/25 ── 用不動肘之心，全身勁出，功同拼鬥。

內勁只能在自己身內發威，不是直接發出發向對方。發威全用心意，透空全身。

氣勁足後，再外散可鬆身。神意改注外物即發勁。

心中可無事，欣賞外景，天人已合一，打拳妙極，已入神仙之境。發用眼神猝急注外物，探究狀況之心，這時胯腿足已站穩，全用神發。以不要讓彼脫離飛出之心發為佳。發時神意一面向外究物，一面收回神意，陰陽相濟。主要在已騰空己身，暫時放下自己身體，放下一切其他思想，頭頸穩住，勁乃全出。

發勁以放下一切思想，神注脊骨，旋轉脊髓，放下己身，無心無意，如此想而已。

發時心雖出但收回，才實在，才有太極。用脊收回才真，用腰腿收，勁濃厚，收回者乃心，不是身。亦可用大椎、腰椎、尾閭等收回，外出而復收回，必先神外出，才有收回。

打人不是打，而是放棄打，周身勁才出。勁集於骨與踵、頂，散於外再收回，功才大。

3/26 ── 腿中細絲勁不斷走動，以柔化對手之力，不可呆滯成塊。乃至周身細絲走動，歙入脊骨走，周身骨中走。

4/2 —— 轉關節中點可柔身，以踝為根，相互拉成線，成網。

4/5 —— 彼加力於我，我內勁整體變化，消彼之力。以足力旋轉臀底唱片，以穩下盤。

4/6 —— 動不是向外動，而是向身內動身內勁，不是動身體，而是動內勁。要動就是催動身內內勁動，不是外動。

4/7 —— 以調整腿中勁來穩身，不可離。迎合各種不同狀況，腿勁活變因應不可離，則身不倒。如同各種不同姿勢，有各種不同的柔身之法一樣，勁氣壓縮在腿中應變。

以呼吸活變內氣柔身，運動只求如此而已。要柔得透，才能站得穩。

4/9 —— 勁要運到腳，腳不可呆滯，運到腳擊人勁大。雖向前打，實以氣勁向下運到腳，勁才大。

4/11 —— 集中意轉一個關節中之點，全身勁出。轉任何關節均可，勁能發出來就可。

4/16 —— 腿腳喘氣有其必要，跟穩身柔，勁大。

4/18 —— 運動把腿腳中筋找出來拉，走腿腳內勁來穩身。

4/20 —— 要周身柔，要以意識用一腿，力集一腿，或用丟實腿，凡要用就丟，用哪丟哪。或用腰胯站而不站，根在踵才柔。用氣勁旋轉，勁大。

4/21 —— 欲動即用勁氣走圈圈，勁始能留在身內不亂。發勁必身發心收，收是把彼收回吸回。動不是自己的動，而是找身內圈圈走，彼推我，我在身內努力轉圈。

4/23 —— 努力做內勁轉圈，尤其在三寶（腰胯腿），勁接四梢。

4/24 —— 用站也站不起來，坐也坐不下去之心動（外形未變），如此則內勁在伸縮（極佳之法）。練架先好似動手，指出運動方向，隨後手就不可動，讓腰胯腳動。可分身腿臂五處各自向內縮，縮縮不進，伸伸不出，氣強。動小腿腳跟之內勁，勁才最大。內勁是體，宜常練。

4/25 —— 每動手先微動，隨即不動，以撩起周身之勁動。

又，沒有自動，只用開胯鬆尾閭動。

又，肩背柔透，兩胯穩實，大腿上承重力，而腿無力。

又，身由何處承力，何處就柔，絕不可撐。假想化解八方推撞，內勁日增也。尾閭尖先反應，周身鬆柔。

彼若衝擊我，我「棄形用神打」。彼若不擊我，亦「棄形用神打」，彼必出，用神不用身。

4/26 —— 將關節中勁運送到手上發力（真力）。

4/27 —— 一觸全倒、全塌、全垮，如積木之塌。自己一呼吸即塌，一動周身全倒。棄盡己身之能，內勁全出。

4/28 —— 雙手在物上，以意用身按上去，身之處處都可做。

4/30 —— 勁在腳中走，人不知，且強。不在身中走，在骨中走，吸彼勁入骨。

5/2 —— 動必落，不是落襠落胯，就是落肩落背以柔體。

又，動的變化莫如轉圈快，小圈轉動。

又，氣一動就迴轉，非直進。

5/3 —— 拉臀腿中不活之勁，直通手指腳趾。

5/4 —— 胯動要合膝踝等一起動。

5/5 —— 彼不動，我引彼來攻，我化擊之。

5/6 —— 用腿不是用腿，是丟腿，全在丟腿，腿無力站似的。

5/8 —— 不可稍動，以微微喘息代之，有動必僵。

又，鬆要鬆腰胯，身之中段，著力在足頸，有如弓。呼吸之勁以足頸為兩端，則周身彈簧。

儘量鬆腰胯胸背腿，不可著到力。動之跟最好都在腳跟，配以頂勁。周身只求柔避動，動中求柔避動，動則身僵。根在足。

5/9 —— 動形之目的在舒運腿中之氣。

5/10 —— 使意氣勁成一圓球,上下或左右轉,將來力化掉。

5/12 —— 求胯之動,非整身動。著力於胯中之點,如此動則身柔。

5/16 —— 任何動都是在把踵勁、小腿勁使出來,與肘勁配合。

5/17 —— 走腳底勁,彼必出,彼不知勁從何處來故。

5/20 —— 動一小部分(圈面線點),求其餘部分均不動,動靜分清。

5/22 —— **放開勁發**—無論以意放開何處之勁,均可發放。彼觸我何處,我即放開何處發。彼緊抓我手,我以放開手放之,彼必出。

　不用發光發,用放開就可以發。

5/24 —— 放空手指骨骼或身上一點,讓天地氣流入。只求放空,放空就是剛。

5/25 —— 與人試，彼抓我手指，我意想放鬆手指放之，彼即出。

5/28 —— 動一定有內勁轉圈，才合宜，才有勁。

　　彼用力推我，我不接猶接，意接身不接，彼無從抗而出，成了下接上不接，故出。

　　又，不接猶接，以調整內勁，即可化發一體。以不接為主，身不接，心自接。

5/29 —— 動不是動外，是調整內部內勁，內勁是體，要實際有調動做出來，才是太極拳，才是內家拳之功。

5/30 —— 隱身脫離、收歛入骨是在發。

5/31 —— 兩腳站在地上站得穩即可，如果一定要如何站，但無作用，顯然就是無意義的空要求，或反會產生僵硬不舒服。

6/3 —— 以轉手指及足趾，啟發周身內氣。

　　又，放空，放空兩臂發放，空周身練周身勁。

6/4 —— 心裡想到轉身內點，就已在練全身勁動。想調整內勁也一樣。轉要以運轉指頭、趾尖、尾閭尖、頭頂來配合。

6/5 —— 太極拳是一種特定的動，非一般的動，所以是怪怪的姿式，只要做一個怪樣子就已鬆開，何須還求別的！多以一般動的觀念思考，所以不明太極拳。

6/6 —— 想用大力而毫無力可用，是剛，是強，是內勁。要明瞭不用力後而有內勁，內勁愈養愈強。

6/10 —— 以踵為根，以勁集中於踵運，以踵呼吸，培養踵勁。

又，一切求身內之內變，勝於外家之外變。外變要用力，內變不可用力，而能養生益壽。

6/12 —— 倒時上身即柔，力沉於腿，故可發。

6/13 —— **練法**—檔胯要動，腳要有根，腰脊背要鬆，全身要柔又鬆。

動中求柔，內藏蓄發，頭頸要結合周身，指掌要輕虛，呼吸要喘氣，勁氣要充身。只動檔胯腳就是，

以尾閭為動之軸。

6/15 ── 動必使氣旋，由腳迴繞過來才是完整，身柔不倒。每呼吸也繞腳，不繞不算呼吸。以鼻吸踵喘，頂吸踵喘，達於指。

又，丟身都是練，丟卻肉身。

又，人必求不敗，太極拳是求敗，敗即鬆，鬆即勝。彼怎麼來，我怎麼求敗，彼要我如何敗，我順彼意就如何敗，為而不為，敗中藏勝。己之任何作為都是未作先敗，比動求不敗更神，即是求空無。任何作為都不可作出有來，只有消有求無，不可從無生有。是以動求無，不是以動求有。動而不僵，息而求空，氣仍必須繞腳。消僵求空從腳上找，也就是呼吸在腳上，用旋腳勁來呼吸。

6/16 ── 練走架者，揉麵粉也，身內自柔。

6/20 ── 胯動縮到尾閭，再由尾閭入仙骨。

任何一動，都不可以外動，必以內動代之。

又，想像身在大管（如煙囪）中上下伸縮，久之則內勁生。伸中有縮，縮中有伸，別無他動。

又，氣在身內轉球，滿身都是氣球。上運必有下

行，下運必有上行，交錯而行，前後左右都是。

6/22 —— 動以動腰胯檔揉腳與腿而已，不是一般動。
　　　又腰胯動讓給腳動，發也是。

6/23 —— 動要求周身氣迴轉得過，非動而已。先求內
勁之扭繞，迴轉才順。

6/24 —— 以腿關節合發，以膝胯或踝膝合，何處順就
用何處合。
　　　兩節相合亦可不倒，只要合宜，處處可用。

6/29 —— 要求鬆身，站的姿勢也要配合。
　　　腿勁足勁一定要使出來，檔勁要開好，檔腿勁運
足。

6/30 —— 必在一腿才柔才靈。
　　　又，做任何功都必先求佔勢，有拼鬥大敵之心，
為基本勢。
　　　求柔身（軟下去）為本，能柔應萬敵。
　　　刻刻保持節節柔空，專作此，尤其腰胯腿。身穩
多由腳而生，故腳落實於地，則更落實。

又，勁沒有用出來，乃是散在四肢，收聚於腰腿才能用。

又，發勁不是用實腿，是丟實腿，丟就是用。

樁步站穩，怪怪作勢，要用力又用不出，成似鬆非鬆，將展未展，這樣勢已全備，伺機發。

7/1 —— 人推來，以用力用不出之心，用哪丟哪，用腿丟腿，動哪丟哪，反可讓人跌出。

檔胯保持打擊勢，使彼不敢貿進。彼來我隨時打之。若無之，彼覺好欺。

努力扭小腿勁，周身勁一起配合動扭。

擰絞勁，心中自己擰絞臂腿等，自練隨化。

用謙讓不爭，沒柔不下的，內藏無窮氣勢。

動必求柔，站必求柔，內藏無窮氣勢。

彼攻來，我沒有不柔的，沒有絲毫抗意。柔中有剛。

7/2 —— 必以「須認真」進擊之心，周身內勁才出。

屈膝蹲身作勢攻，心噬彼身不可無。

丟腿失力最為要，迎敵無處不是柔。

勝在兩腿敗得下（舒服）。用敗，柔勁乃可出。

7/3 —— 化來襲不能只化一處，只化一處必有不防，彼可擊不防，我難防。我要化中求中正圓滿，使無處不防，彼難襲，我易防。

又，心中不是我要拼鬥，是在應彼，氣勢要強。

7/4 —— 拚鬥中氣要貼到腰背，周身氣全部向腰背吸。

7/5 —— 以氣洗骨洗髓應對。拚強手心中氣勢要強（認真），神乃出。

7/7 —— 四肢擰捲腰椎或其他關節，周身扭勁。

7/9 —— 接點吸彼強於放空。努力求柔，能柔乃能吸。

又，勁是釋放出來的，不是用出來的。

7/11 —— 心想鑽牆透壁（用身），鑽山甲似的。

7/13 —— 任何高低姿勢動作都求極柔。

7/16 —— 求內動非外動，內動內勁即內呼吸。

外動啟動內動，全無外動之意。

7/17 —— 整個身體像一個充氣的球，外剛內柔。

7/18 —— 柔拉筋（找筋拉），輕喘氣，倒中有筋可拉。

又，兩腿互扯互拉，摧動內勁。

又，不忘穩住檔胯而動，不是亂動。氣全在腿內呼吸，以腳為根旋。

7/19 —— 上下二個十字（一在大椎，一在腰椎）合用，腳勁立即很強。

重要在周身氣迴轉過腳，不可呆滯。迴轉不及即會跌，能迴旋得過就化得了，以呼吸為之。

7/20 —— 胯愈開愈大。能內動則不倒，極柔。動中求不動，氣下噴成發勁。

打人用周身氣，吸彼周身氣。

7/23 —— 呼吸一定留在腿中轉，用腿推磨動腿勁。

7/24 —— 發不是推遠，而是弄彼僵，僵後而能發。以意練腳跟發勁，猛使意力以踵碎石子，練腳跟勁。打人用腳跟猛使力即可。

7/25 —— 將勁蓄入腳中，再從腳中向上吐出至拳掌。

　　站起來胯被卡住，坐下也是如此，練胯勁，心中要不用力。

7/26 —— 脊椎中氣上下錯，勁強，只在脊中走才強。用意想著氣沿脊髓上下走，想到脊中二髓是柔柔的。

7/28 —— 太極拳以涵拔鬆上身，動在檔胯，必求檔胯下盤之「力與穩」、「柔與活」，周身勁運入踝膝胯三節，全身勁出。

7/31 —— 以涵拔使上身勁運集於胯腿腳，下盤內勁活變，以活變因應外動，求穩實。

　　又，倒下時不是用力支撐，而是以支撐力為根，調整內勁，尤宜穩住檔胯。

8/1 —— 發不是用發出，反是用意吸回，妙！不發自出。

8/5 —— 周身氣上行下走，要有軸以生錯勁。軸無定位，可因應移動。脊椎中一節一個軸，著力在軸身乃柔，無軸則難柔。

8/8 ── 臀底尾閭旋圈，勁大，最厚實，先吸入氣，勁始大。

8/10 ── 動只動腿，使勁集於腿而已，改變動的觀念。
接心中用身接，接要用承受之心。

8/11 ── 練並非只是運氣，而要應對化發。假想在被攻擊中化發，處處危機才是練。以神氣應對各色對手，須認真。

8/12 ── 呼吸避用肌肉，用皮毛與骨與踵。

8/13 ── 收臍把周身筋骨、虛五與十（五是肩胯及腰椎，十是肘腕膝足加尾閭及大椎）全部吸入臍內。
還是用腳跟勁才對，以意用腳跟碾地，使腳跟勁。

8/14 ── 動周身骨節，勁大身活，骨在身內游移。

8/16 ── 以腿迎千軍萬馬。
氣避在肩背，歸入腿內，始不為人乘。

8/17 —— 意想縮小身形，在身內打拳，臍內打拳。

8/18 —— 彼攻來，不是直接還回彼身，心中改用丟下彼，想自己打拳招，令彼跌出。

8/19 —— 內錯自己，在自己身內變化內勁。

8/21 —— 發勁用抱圓大柱似的。又，用臂彎拗物之意攦。

8/22 —— 練卸力，力不要留在身上，向下卸掉。
　　又，發人用氣下噴，又噴中用胯溝吸。
　　吸—以己心吸彼心，以己實吸彼實發。發用抱回，或受壓擠產生內勁應之，並消失自己。

8/23 —— 左右拔（分）背發，亦有效。

8/25 —— 走架用一關節動，帶動全身關節動。

8/27 —— 出拳向內打自己，勁反大。發揮身上內勁，用大椎、尾、踵旋轉。

8/30 —— 柔化上半身，還是兩腿的事。

9/1 —— 用周身勁震動臂，勁大。

9/2 —— 小腿向地上一撬就發了。

9/5 —— 以身動尾閭，勁強大，是全身勁。以脊動更強，周身鬆柔。用碎骨法打勁大。心想震碎周身之骨，是不會碎的，愈震骨愈強。

9/6 —— 對付來力用怪怪作勢，檔胯承受，變化在胯。尾閭尖先動，心存發放。

9/7 —— 臀踵喘氣，是一種呼吸，內呼吸。

9/8 —— 動一定要腳勁優先動，身走內勁，配合指勁。

9/11 —— 身內這股氣不可斷，斷則勁失，若有斷轉接在足，亦即真人之息以踵。氣乃先天內氣，與生俱來，非空氣。

9/12 —— 指尖碰到彼身心中立即放開勁不碰，彼即

出。推而言之，接處一觸即放即可發。

9/14 —— 發人是勁發向己足，不是發向彼身。又，彼推我，我意想透壁而過，彼反出。

　　又，絞纏是旋臀底碟片。發是以勁發向己足。

9/15 —— **飛輪勁**—輪轉如飛，在檔內，處處都可。勁要如何用，輪就在那裡轉。

　　胯的鼓盪要多做。彼按我何處，我以鼓盪胯發之。

　　又，氣要活潑運，努力轉腳中氣，不可停。

9/30 —— 找身內氣動，不是動筋骨。避動筋骨。

10/2 —— 全用內勁應對，用內勁鼓盪即可。隱身變小，小變風。周身整體開合，根在踵之一點。

　　又，以實處為根，定住不要動，調整周身內勁，即可以柔對敵、發敵。

10/5 —— 在被攻擊時不作自動，我理都不理，彼無可奈何。

10/9 —— 進則心攻身不攻，守則身守心不守。身動心

不動，心動身不動，用意不用力，都在求柔。

10/11 —— 如上，丟放最重要，一想動即丟放自身。

10/15 —— 節節空靈，關節呼吸。

10/16 —— 肘腳同時振力（用意），鼓出周身勁，發用呼吸。

10/17 —— 以吸自身力入骨，不吸他人之力發。

10/18 —— 無論何姿都要使腿腳能呼吸喘氣，不可斷。以怪姿為之。又，以腰連腿動。
　　粘人不忘使彼生僵，以心非以手。

10/19 —— 主宰於腰，以腰動腿，就可發於腿，跟於腳。（腰調和周身勁）

10/20 —— 練小腿在原地走路。

10/30 —— 做怪怪即可，透壁粘過，周身吸入骨。

11/4 —— 用肘可領出全身勁。

11/5 —— 以肘領身，以肘呼吸，以肘被卡。

11/6 —— *100%*內動，一有外動身必僵。

又，腳上腳勁常在，不可斷，與身內勁相連，乃可不倒。頸之伸縮帶動呼吸，活動內臟。氣吸集於一處，即生發力。

又一切動（作為）不作已動，順彼之動而動，功大效大（「**以其不自生，故能長生。**」—道德經第**七章**）。一切從他。拳論云：「**捨己從人**」。

11/8 —— 動時一關節似被鈎勾住了似的，脫不掉，身即柔。

活尾閭，尾閭被勾住了，氣通周身。

11/9 —— 每動必先鬆放，才能有轉折，才順。

合乃在身內合，並非在外面合，在身內合才能產生功能。

運動必氣勁貫手指、腳趾、百會。以指呼吸。

又，不但是拉單一筋，而是周身內勁活潑變化，與外動配合，內外相合。

11/10 —— **上下相隨—**以上身鬆提下身，以下身退縮上身，以腰縮上下身，以肘力提下身，以踵力縮上身。

求擊力，轉旋身內一點就可以，絕不可以有打心，或用全身勁轉。

11/11 —— 假想地力在粘我，我掙扎不能自拔。

又，以胯吸彼發，跟在踵一點。

又，主宰於腰，在運動中以腰主宰，調和周身內勁，活潑流轉。

又，扭腰可整體吸呼。

身心分離。動身心不動，動心身不動，筋骨在自動。

11/13 —— 胯中點拉拔地，以生內勁，拉時要放鬆練。意啟動周身內外動，動前先放鬆，很重要。

又，氣之根在踵中之點，練之氣充周身，用踵呼吸，真人之息以踵也。

11/14 —— 練消了自己身上之力，彼力愈大，我愈無力，動時似關節被卡不能動似的。愈想用力愈用不出力，勁愈強。

又，腿腳氣要迴轉得過，喘得過來。不是動，一切動都要配合喘，喘就可將僵勁全部喘掉，不必以腰腿求之，以喘氣求之。隱身，以喘氣隱身，更是隱身。

11/15 ── 與對手鬥，避用實處，用他處，令彼不知。

11/17 ── 把身上之力都隱起來，即消失自己。刻刻求空靈，關節空靈，筋脈空靈。力集一點即已空靈，消失自己了。以意隱身，空靈自己。

11/18 ── 空靈心意，力已全消，勁已全出。空靈身，全非有為，全是空靈。空靈也一樣有力，哪裡空靈，哪裡有力，乃是勁。用哪空哪。空大腳趾，周身勁出，奇大，大趾喘氣。

　　動之前，心中一定先調整胯腿勁，調整要在人先方能得先。

11/19 ── 腿中意要用力。勁氣要變化。

11/20 ── 「命意源頭在腰隙」─先動腰，想著腰帶動四肢動，即「主宰於腰」。

11/22 ── 意識中勁氣很堅剛又柔綿，關節互在勾拉。

11/23 ── 用發勁來化，化發一體，例用坐勁，縮腿，抽胯，柔身，既已化，又已發。

化發一體全在意。化中有發意，發中有化意。

11/24 ── 粘人，周身都是粘膠似的，以皮毛粘之，沾之。己身是一個粘膠體。

又，與人交手，意在補充腿勁，以備綿綿使用，重要。其實補充腿勁，身已經柔空，彼已無所可乘之機。

又，只求內動，不可外動，內動如關節動與踵相連。

又，以意粘人，以粘彼內在筋骨，效大，用之發極佳。粘吸發一體，試用尾閭臀胯動來做，心中同時有粘吸發之意。

11/25 ── 能方能圓，曲直隨形，粘彼來力之側。

又，彼推我柔，以柔相應。

11/27 ── 互粘，我氣勁要斂入骨才強，人不知。

又，發勁，我肩背手必丟，才功效大，不可參與。

11/28 —— 一切用呼吸，呼吸用皮毛，用皮毛呼吸。

又，粘人，我氣勁必收斂入骨，不令人知。

呼吸用皮毛手指，身才空，意在精神不在身。

11/30 —— 拔鞋跟有大功，用以發人，人不知。

呼吸可以消去身上僵力，處處可呼吸。

靜為基礎，雖動仍靜，全在意，怎麼動都要求靜。

動中有靜，在動中有求靜的意，乃定力。

12/1 —— **被人推頭—**無論推何處，都以被推頭之想應之。上下四方，一有危急即做，身即柔，勁即出。（使頭勁，周身勁出）。

12/2 —— 危機以呼吸應，不一定是腰腿求之。

12/4 —— 外氣以皮毛吸入身內呼吸，吸入骨內。

又，柔為化，是蓄，爆發為發。

12/7 —— 身內打，意想在腰中打拳，全身勁動，不打外形。

12/9 —— 走虛五與十，內勁貫於手指，呼吸順暢。

12/10 —— 頂來力，以頭勁應之，不用來處，同*12/1*。

12/12 —— 走架任何動，都是抽拉扭絞身內之筋，求的是內變，不可用力，不是外動。

12/14 —— 看似外動，實是內變筋脈。周身勁動，然後自然形變。內變生外變。

12/15 —— 以接代化，身接手不接，含化蓄舒發之勁。

12/23 —— 任何動先全身內變，一動全動，變去身上之僵，受壓即變。自己卡住，即生內變。

12/29 —— 危腿，心中感腿危險，意即腰腿脆弱。求脆弱，而能有剛強。

12/31 —— 動時心中求不移、不變，要以空鬆腰胯求內變，絕不可用自己先天動求外變。

2006/1/4 —— 動中心求定住原形原地變周身，或定住襠胯變周身，或空鬆上身動腰腿。

1/5 ——

屈膝蹲身檔胯坐，周身骨節向下落。
進則壓臀又旋踝，退則提檔並吊胯。

1/7 —— 關節總動員內動。

1/8 —— 彼迫來，我以小腿出面禦之。

1/11 —— 非動，是調整周身內勁作腿腳呼吸。何樣姿
式就何樣呼吸，全為了腿腳呼吸。

1/13 —— 扭動周身筋骨，就已打了一趟拳。隨時隨地
內動外形不動，也是打拳。

1/15 ——

1、架式看似手動，手在打，實是腰腿檔胯的動，
以求周身節節靈活。

2、**伸縮**—伸伸不出，縮縮不進，以增強內勁。
任何動都如此，任何狀況都以此應，故古有「一
伸一縮即為拳經」之言。

3、一動全動，要求一動全動，能做到才是會了太
極拳。

1/16 —— **滾球一**

1、處處有球。

2、或只滾腰中之球。

意想千斤壓身，如頂、腰，處處可壓，放身消之，在走架中練鬆沉勁。

掤，心掤身不掤。

1/18 —— 後腦被推，前額頂物（頭未動），可用以發勁（同2005/12/1）。

又，纏絲只是纏住，伸縮是發。

1/21 —— 以心將肘勁全吸入腿彎，則周身柔勁大。

1/23 —— 把身上一關節的勁使出來，身即柔。用一關節呼吸，呼而不呼，吸而不吸更佳。

推手要快，胯要先動，不可站不靈，不可調動不及站不穩，為第一要義。上稍有動，胯已大動。

1/24 —— 縮小放大、伸長縮短都是內動，全在意。

有危急立即用調整胯腿，以求反背為順。

2/5 —— 隨時練，哪兒見僵哪兒柔，呼吸時也做。

2/11 —— 四大皆空，用時兩胯、兩肩，必要空鬆。

2/12 —— 以心用肘，則周身勁出，可打可化，不用身力。

2/13 —— 不可只自己練，練時必想有人攻我，練攻防化發。

2/16 —— 功在柔身，柔身不可氣充周身，要集中勁於點，點在身內任何處都可，身始柔。

周身筋全部拉到。

打拳站一腿，站立之腿亦要求鬆。

2/18 —— 用意使彼力落空，即將對峙中之意勁猝丟，換他處。

2/20 —— 用皮毛發，接手即求發，不用化。

2/28 —— 假想鑽框框，勉強鑽過去，以練內勁。

以心運腿中之勁，直通地下。

3/1 —— 擠身而過即可，練時用似在擠身而過之意。

3/3 —— 不可只化，引進落空合即出。

接手就化中找打，化中必寓打，明化實打，找彼空隙之處打。

3/5 —— 任何勢都是做「**脫殼飛升**」，身動心靜。「**有形有意都是假，拳到無心方見真**」。

3/6 —— 動是變動內氣虛實。用實處落空，虛處發放。

3/8 —— 以上身動腿腳中之氣勁變化。上動多少，腿腳中動多少，若完全通達，無人能勝。使勁在頭頂上空，周身空。

柔化用氣走周身經脈，勁不離踵。

動作一定要進入假想之某種心法中，不可想用自己方式要做什麼就做什麼，這樣方可鬆淨，進入拳境。

3/9 —— **敗跌**—練在敗倒中站起，八卦方向練。

大象洗身—背擦牆，身各處擦樹，以練動腰胯勁。

敗要敗透，倒要倒透，才能令彼落空得透。敗倒中腰胯一扭，彼立即敗倒，由於使出腰胯勁穩腳。

又，運動中意不可向外，以神意向內催動各關節中之氣轉動，帶動各關節之內勁。以皮毛所吸之外氣催周身勁動，尤其在著到力的關節。勁連手指腳趾四梢。意一定要著於關節骨節，收斂入骨，肌肉才無硬勁。

　　使出內勁來，不僅運動而已。

　　要練周身柔勁拔、推拉樹、粘住人、推抬汽車、持桿橫掃樹林、向彼身內制，使其危急，或自己扭脫不了。此全是意，在走架中練。

3/11 ── 不要什麼動，心裡想著扭扭屁股走走路就行，可不必動，心裡想著就可。這已大進，進入虛無狀態之境。

　　敗跌時以扭腰腿勁穩身。

3/13 ── 勁氣不離腳，力發於周身毫毛。

3/20 ── 拉開關節功很大，身始終要保有拉筋之勁，達於指梢。指端要旋，指要有抓意。

3/21 ── 以腰轉腿及腳，是實功，全是內在氣勁。

　　彼要我危，我順勢先危而發之。

3/23 —— **阻力**一受阻卡住不能前，被外力壓住頂住似的，此全是意。不用身力一動即卡，好極！與拉開關節合用，以練意氣勁。

3/25 —— 運勁至手指，功才大。加腳趾旋，更大。這樣就氣貫周身。意在哪，勁即在哪，妙！

3/28 —— 以敗接來力，動實腿勁，吊檔縮腿，背負重物，腳踩風火，行拳即怪，腿軟無力。

　　行拳本是作怪怪身，以背負重物之心，勁即入腿腳。

3/29 —— 凡動，求的是氣勁繞足過，否則會倒。

3/31 —— 以上身意勁發動腿腳之力，以昂首助之。以一處動別處，不在本處動，就周身氣勁動。

4/2 —— 拉腿腳中筋，外形不動作伸縮，背負泰山。接手化勁先向下化到腳，每化必如是。消掉身上的力，反乃是攻發之力，無力中有力。

4/7 —— 化除排山倒海之壓來之勢，以柔。最好的柔

是無力，未動先無力，一動更無力。無力並非就無力了，是求化力為勁。

4/10 —— 推手時遇力加身，即予接發，不用化心，用敗心接，用敗心發，敗心最無力。以敗心養勁，以先敗下以後再攻發之心，此即欲高先下，欲進先退，欲跳先蹲之理。

周身上下節節斷連，方能柔，使外力著不到力。

4/13 —— 用皮毛發，原來是全在用意不用身，其他吸、發光、喊、粘等都全是用意不用身。動作變化全在腿，腿主宰於腰脊。

4/15 —— 順勢取勢，即取即發，先取後發，用腿來順。

用好像某處被燙到猝發。努力使身氣經腳通流無邊地氣，努力交流。

身氣始於腦氣，經背脊下通，上連於指。

4/17 —— 太極拳以靜制動，要攻擊可用身向前抄東西之想。

4/19 —— 使出腰腿腳之力，前抄發勁。

將頸胸腰三圓圈之力使出來，下有踝膝胯之圓圈之力，一起使出來。用腳鈎，則勁全在腳，以通腳氣。以身作網前抄，臀胯鼓大勁，重要！重要！胯膝關節或其他四關節，以胯膝為主，關節內合，互相扭扯，牽動萬般勁氣，加上腳帶鈎力，提胯縮腿。

意集背後身外一點以求空身，勁力厚實。周身氣入背後定點中，意在求空身，勁反大。

4/22 —— 動時兩肩必鬆沉不動，身勁連踵勁不要斷。
身勁腳勁完整一氣流動變化。

4/23 —— 用意氣連彼內勁而粘之。

4/24 —— 每一姿式都要使腿動得多、活得靈，故立身要怪怪的。

4/25 —— 心中不動己身動外物（心動四周之物），樹木花草、日月星辰、山海河川，則全在意不著身上，身內全空，也是練。

4/26 —— 勁發於骨才強，勁先集於骨。

4/27 —— 以骨吸外物靈氣，貫於四梢而動。

4/29 —— 招式之變化全是腰胯腳及內勁之變化，不在手形。勁連貫於指，努力讓腰胯腳動。呼吸運勁即是動。

5/2 —— 落襠落胯，物受不住壓力必倒塌，壓者必失衡而倒。撐不住時不可撐，落襠落胯即可，彼必自倒。

5/5 —— 不可純作化，只自作功動。推手只動骨節，全體不可動，彼推到我身上即出。

　　增腳勁不但用踩碾，更要撥、挑、勾、踢，意動形不動，以發內勁，不可他動，全在腳。

5/6 —— **伸縮**—用伸縮腰椎或尾閭，帶動周身勁氣之縮伸，不要全身伸縮，伸縮腰椎尾閭即可，伸縮的勁大。伸時站不起來，縮時坐不下去，產生抗勁練功。

　　沾粘用皮毛，周身全空，節節歸位，效大。

5/9 —— 打拳以心意啟發周身內氣，吸入天地氣再打，乃是真力。先強自身內氣再打，才有內涵。

5/10 —— 強烈鼓起周身骨節之勁,心意運行骨動筋不動,筋動骨不動,身動心不動,心動身不動。以骨吸筋,以筋吸骨。

5/17 —— 沒定式,只找筋拉打拳(聽自由)。

5/20 —— 肩不動身動,都可發,項骨(大椎)不動力更大。

5/23 —— 要以胯骨使勁來動,使愈大身愈柔。
運轉腿氣,使上身氣入腿(大目標)。

5/26 —— 以伸腰作整體內氣呼吸,一動全動,不但呼吸,更求內氣整體變化,氣充滿周身。主宰於腰是調內勁,不在外形。發時在意識上不可將力發至彼身,而是全是發出自身之勁,勁在自己身內。
意雖發彼,但勁在己身,全在身內發出己身之勁。

5/27 —— 使出一腿之內力擊,手上之力併入腿之內力。
用力用用不出力之處,是周身柔力。一般都用實處之力,用虛處勁才大。

6/1 —— 動變一定要勁由上通到腳，不可無。無論怎麼變，身勁要連到腳。

6/8 —— 小腿力要與上身貫通一致，以腰背使小腿力。

6/9 —— 微微伸腰動胯，胸腰雙環的勁出。

6/13 —— 空胯軟腿，殲敵不用撐腿，用空胯軟腿，則勁出。

6/14 —— 練收胯溝，產生涵胸拔背活腿勁。

6/17 —— 雲手手不移身轉，扭身而過。

6/19 —— 散開身中內力，在矮棚下打拳。

喘息，以意氣沖散身中僵勁，僵勁不可留。以呼吸喘氣鼓勁散僵，根在腳。

6/20 —— 主宰於腰是主宰內勁，不是外形，練分腿開檔，形未動，胯腿已先調適，形自動。

丟脫現狀一身空，即是發勁。心無所求品自高。

6/22 —— 以外動動內動，內外合一，用皮毛。

6/24 —— 接而不頂，向後縮發，心縮身未縮。

6/25 —— 轉身內之點，轉點不轉身，全是內在氣勁轉。

6/29 —— 小腿垂直，以臀縮踵，百會合腰。

7/1 —— 練腳不動，怎麼動都可以，就是不動腳。彼推我離步，我避實求虛，則虛實分明，令彼落空。力繫胯溝，使出腿力。

7/7 —— 只有內勁（意氣），已無身體。
兩腳站不動有倒意，則身柔勁強。

7/12 —— 拳在開始學，打拳練腰胯，周身一致動變，求柔才有功。及後練意氣須換得靈，靈變一體，跟在腳，氣流動周身貫於指，要轉變得靈活，調節於腰胯，著力於膝頭，每一動都在轉變意氣。
氣充於掌，以掌呼吸。
伸縮都在揉腰椎，應推壓亦在腰椎。
只有伸縮旋扭之動，沒有自動。

7/13 —— 呼吸也不是亂呼吸、亂鼓氣，要配合腰腿伸縮，產生勁力。

7/15 —— 被推擠壓用扭等對應。手不動則腿腳動，一動就柔是必要。

呼吸變化內勁不可只在身內轉，而要著於腿踵，才可身上空無。

以動求柔生柔，一切在求柔之中為之，努力求柔。

7/20 —— 兩肘兩膝合腰互動，打拳周身一家。

散開各關節發，以增強能量。

7/21 —— 下按發用吸，用意吸回，似吸地上塵土。

隨時臀勁充足，臀不離地。一涵躬，勁即充臀，吸以縮臀，吸縮一體，呼以放臀。上下相隨，是動作上與下協同一致，以腰主宰。

7/23 —— 身上之勁平均散佈周身，著力在骨，乃極佳之勁。

7/24 —— 要練柔身就要以腳搬石（以意），掏空自身。腳勁大後，身自柔。

7/25 ── 掏空自身，行氣鼓盪。

練因應困難，調節氣在腿中變化。上身有事一律用腰胯腳解決。扭身空身是發。

7/26 ── 動臀柔身。動臀以求柔身，妙！

7/28 ── **動腿沾粘功**─用身不動，只動腿應彼動，都以腿鬆柔變化，彼一切努力即無功而返，並可粘住彼身。因用腿動身即柔。

以退後方、左右之敵，不退正面之意，己身勁即充足。

7/29 ── 伸展肢體拉筋，用扭轉胯腿之力。

7/30 ── 常做小腿定住快跑，活小腿中勁。

8/1 ── 絕無一般動，乃以神意引動身內筋骨，作萬般變化。用一般動只是一般動，乃是空求空練。

8/2 ── 身有裂縫似的身即鬆，一鬆再鬆，輕如蟬翼蜻翅。動先柔臀，身自鬆。

彼一切動，我以腿應之，才可化彼來力。

8/3 —— 動先動臀身乃柔。

全無動意，全是呼吸。動即柔臀，棄動運內勁，著力在骨內。

8/7 —— 兩腿產生力偶、對動，身上各處都可做對動。自己在身內推手。

8/9 ——

1、打拳保持周身鬆柔就可以養生，功非同小可。

2、以腰胯踵腕扭動四肢（內勁）。

3、先敗後發使彼倒，可分兩段做，亦可一氣完成。

8/12 —— 用一處動他處，如以背動腿，二處勁相連。

不用推發之想，一直做使彼站不穩，亂彼勁，彼自跌出。

發時不發反要鬆沉。

如彼要推我倒，我以作勢發他即可發。

8/22 —— 全身空了求舒，反可予人很大壓力，刻意丟力丟身，氣勁控制在腿中變化。

8/23 —— 有必要練以腰腿勁轉雙肘勁旋。

8/24 ── 彼推壓我，內勁迴轉得過來，才可發。

8/26 ── 彼來手搭我，用兩腿軟下去引出內勁應之，不是用力。
　　一接上手，要不用手，以身動應之。

8/27 ── 觸動猶靜，平整均勻，周身空舒，節節氣旋，喘氣迴轉，空身發放，勁合天地。

8/28 ── 發用進入意境，非用身發，要改變思想。
　　力集胯內一點，其他處全空，不可有力。
　　要做到勁一點都不可流到外面，全在點內。
　　不只做運動，要做有功能之運動，練功能。

8/29 ── 動中生僵，以調內呼吸消之。

8/30 ── 欲使臍轉，勁先在腳。

9/3 ── 用身不用手，練身動。上身下運，上全空下全實。
　　使上全空下全實，手臂勁運給身，身勁運入腿腳。

9/5 —— 用胯應，是胯在變化，引動周身各節節節齊動。

9/6 —— 未動先調整內部筋骨，使勁達於指掌，以意。

9/8 —— 雙臂柔軟領導周身柔軟，妙！

以動生靜功無窮，呼吸變化在其中。

任彼迅猛來攻我，以靜相應太極功。

9/25 —— 用敗跌為化，其中有意，以跌為發。

9/28 —— 接住後用扭腿來發，人不知。又，發時要用點，任何勢都可用，一想點即生發。

9/30 —— 從四肢尖端拉扯周身，求柔弱。

身動多少，腳內要動得更多。

10/4 —— 凡動，係把周身內勁運出來動，不可斷。

推手時要使內勁不斷、不停。骨是架，動的是內勁，骨靜勁流。

扎勁力之根於腳，使腳勁至最大。腳勁愈大，身愈空無。

10/5 —— 以動弄出身上氣勁來，旋轉腳踝勁。以意氣包彼之力發之。動者把內勁弄出來，吸入天地氣，柔軟空身。

10/6 —— 走架是在作勢，作一種心理狀態，則內氣流動。是練以心作勢，則身柔氣活。

10/8 —— 縮身入洞發、扭胯、尾閭用力、扭縮發。

10/10 —— 在彼攻來中擊之（發、倒），此乃順人之勢，借人之力。要知利用彼之來勢，敗之。

10/11 —— 頭勁一出，身即柔，氣即足，「滿身輕利頂頭懸」。

10/13 —— 發勁是消去身上力，並非使出力。
臀底薄片發光旋轉，可化可發。

10/14 —— 以意旋手，周身勁動。

10/15 —— 化，凡身有感覺處，一律吸入尾閭，貫入腿腳。

10/29 —— 腰如車軸，氣如車輪。以腰為軸，周身氣輕輕旋轉很有用，合天地氣旋轉，功更大。

10/30 —— 練敗，敗即可鬆柔，用心貼身敗，周身寬鬆發。

11/1 —— 寬鬆自己，意想穿過小洞進出，功不可限量。

11/2 —— 對敵全要身氣繞過腳，全是。

11/17 —— 發勁是求全身放空，用腳跟大喊一聲發。要周身空鬆後，才能發。

11/18 —— 氣留在腿腳迴旋，踏住地。

11/19 —— 跌塌勁極高，無須用跌，可用腳之踏空、坐空似的。

11/21 —— 一動全動，先是一處動，立即牽引全動。

11/24 —— 太極拳只要周身空鬆，任何動都可發勁。

11/25 —— 用拔樹、躬身拾物等之想發出勁。

11/30 —— 呼吸著於無極一點，或呼吸在踵。

12/1 —— 用虛處皮毛呼吸，呼吸才順（內藏蓄與發）。

12/2 —— 高層次的發放，又要進發，又要化而不頂，既可不被彈回，又使彼無從自救。

踏住地，穩住自身不動，練以內勁動來呼吸。常練功非小可。

12/7 —— 心中都在玩假的，假中有真，求真反是假，因求假是用意不用力，求真就用力，就僵。

12/9 —— 接敵力，哪裡來便在哪裡發光，使彼出。

12/11 —— 拔鞋踏地之勁發是秘訣，用以發人人不知。

12/15 —— 練手指氣勁帶動周身勁。

12/19 —— 縮身動之根在胯，伸身在尾椎。

動求周身骨節靈活圓轉互動，練身柔。

12/21 —— 推手化用動腿，意注腿即有。但周身要鬆柔。

12/24 —— 有危險不在化，巧妙全在接，接中有化蓄發之勁。發用臀底接發，不是用手。
接危，以鬆檔柔腿，發彼出。

12/25 —— 勁要在身內走，不走於外，骨上走才柔。

12/26 —— 求靜勁即生，心意求靜練勁。求縮小，求以靜接勁，求周身柔活。

12/28 —— 假想被抱住腿，可用雙手擊其頭，或用腿勁發之。

12/31 —— 用神發放，神注於腿，發力極大。
小青蟲伸縮。藏已能為化為蓄，求靜，轉光碟。

2007/1/1 —— 走架換筋換骨，功勁即生（不可停）。

1/2 —— 要用帶脈，帶脈合踵，身柔勁大。

1/3 —— 動，一直有身內氣勁流行不息，無死勁。

1/5 —— 斷勁，脫力，周身即柔，剛勁出。

1/6 —— 以伸縮指勁啟動全身勁，找彼實而發。

1/9 —— 筋動骨不動，骨動筋不動，練內勁。

1/11 —— 意氣之根在胯頂，不可離，合腳為發。
　　彎腰抱地上薪，意動形未變，發勁強。

1/12 —— 推手就是沾連粘隨不丟頂，不是肢體動作。
　　打拳是自身內沾連粘隨不丟頂。求退而贏，敗而勝，靜而動。

1/13 —— 用指粘人，以外氣入身，乃能鬆靈活用。
　　用己身勁即僵滯，在氣則滯，要外氣入身，才能空鬆。

1/14 —— 騰空身內無極一點，身全空。
　　騰出一點空隙，即全身空靈。
　　接敵力，用空處，把敵朝空處擺，妙！

1/16 —— 不只化接，要順勢裹彼力而發。學用腳勁。
想手空力大。用粘，發勁也在粘中發。

1/19 —— 外功是肢體動，內功以心神意催動內勁。
彼頂來，以柔身發之，或以臀底大喊一聲發。

1/20 —— 以神猛衝極快，如搶上籃進球。
無極一點呼吸發，擊力大，手上空。

1/21 —— 定住骨架，氣在骨架內或外旋轉。

1/22 —— 心神意使肌肉全柔為基本體，即全是內勁，
剛勁強。騰空無極點擊力大。

1/28 —— 接敵用虛，發敵用空。

2/3 —— 發放變成找出身內一點，全身空。

2/4 —— 把勁都到骨上就對了。

2/9 —— **胯頂功**—旋胯尖，周身勁穩，動動都發。

2/23 —— 任何動旨在將足勁使出來，自有妙用。

2/26 —— 以外動啟動內勁。兩腿受壓受不住似的，但不可用力，才有真勁。

3/1 —— 勁全貫腳，不怕人勝。背腳相連，身全空。

3/4 —— 發用腳腿隔空把彼吸回，不用力。

3/6 —— 以意向前制人身必硬，以靜待動身才柔。

3/7 —— 呼吸運動不可亂，一定要壓在腿腳，真人之息以踵。

3/16 —— 周身內部似有齒輪在轉。心中一用力，一認真或一提神，氣勁即提出，立即放開即變無。一提一放在呼吸。一有一無，都是氣勁。

3/27 —— 練架看似是手前伸，實是以腿後伸。看似手縮回，實是腿上縮。看似手左轉，實是腿右轉。反之同。

　　一有狀況，立即找虛，百戰百勝。動必動虛，動

實則滯。或動立即不動。全在檔胯作拼鬥勢。一動立即改為吸呼，以使肌體運動改為意氣運動，遇僵即予化柔。

3/29 —— 一動即放，身即空，動而後有放。心中一有即無，以空相應。

　　用腿走路，用足碾地，用哪放哪。

3/31 —— 哪有哪放，放乾淨，放下身來交給氣。

　　推手用意退，來力自空，求靜求退。

4/1 —— 形慢，神不可慢，要極快。以意帶身，意動周身勁跟隨動，根在踵，以意動踵，周身勁即全動。練身以動脊骨為主，脊帶領周身，周身挪動脊。

　　身倒守住中線穩身。又，踵脊頂相連，呼吸在脊是不錯的。避開彼有（力與來），以意氣吸彼之有（硬與頂），從彼來處移開而吸彼有。

　　假想與人強烈拼鬥纏勁，用的是胯腿，壓力很大發不出時，用心退，腰下按退。或用意氣拋而發之。

4/2 —— 常想強大壓力上身，我以柔身承接。

4/4 ── 摺疊轉換，須用呼吸來做。

4/5 ── 不外逢頂即發，轉實為虛，彼意動我即先動。虛實變化全在整體內勁之變化。

4/6 ── 穩身先動小腿，每動求周身關節輕靈活潑。

4/15 ── 虛實要分得出，用虛打彼腿。

4/17 ── 化彼力要用不讓彼觸我身之意。用手是探測人身內之動靜，不是用到人身上去。

4/18 ── 彼壓我某處，我即轉移位置至某處側旁急攻之，不是退，是移位，對付外力。旋轉小臂上圓環，練內氣。

4/23 ── 呼吸將氣全沉在腿腳。接手於接住來勁後，以身柔敗，神不敗，勁旋轉不斷。

4/25 ── 以靜接彼勁，雖走實粘，自身中心一點靜氣充足。

4/26 —— 纏鬥，我求我順謂之粘，我柔化為走。

4/30 —— 頂實處輕轉圈，令彼出。既化又發，轉圈。

　　心中搬推拉移扭實物（如樹木），練身內柔勁。
亦可自揉內勁。制猛鬥者，避實入虛，粘走一體。

　　動亦可以頭帶出周身內勁，根於腳，形於指。

5/3 —— 彼拿我手或臂，我棄手或臂，以肘勁放之。

　　又，彼推我如何倒，我就如何倒。要用周身一致
動，借彼之力勝之。

5/4 —— 接手不是什麼動，而是啟發自身內勁沾粘對
方。動之著力點在脊，突出脊之動則身柔，是不斷收
歛入骨。

5/6 —— 極力動，身未動，意氣在動，是呼吸，實是
以身動催動意氣動，身雖有形動，但心中是求身不
動，由意氣動。

5/7 —— 對敵要用手就改用腿，以臂啟動腿勁。

　　接手就求用虛處應，周身內勁因敵變化。

5/21 —— 內勁走得快，不顯於形，外面看不見。

6/1 —— 心中要蹲矮一點，把力蹲下去，身擺於地。

6/2 —— 凡接手，心碰身不碰，心接身不接，以求令人不知。

練內勁用跳而不動，坐而不下，搖而不移，動而不變。

挖點中之氣，如胯、頂、踝中之點等等，或心繫先天無極一點，則氣充周身。

周身節節渾身全動功勁大，必然之勢。

扭而不轉，伸而不前，縮而不回，站而不起，蹲而不下，內勁動。

6/3 —— 兩臂一空周身自空，空身在兩臂。

6/7 —— 柔身的跟在腳，腳柔身才柔。意要包彼，身要心中求蹲矮，自有檔有胯，連貫一體。

6/10 —— 將身中之空沉於地，非沉骨肉。不是只求化，更是要求空透，身空意要包彼。

6/11 ── 動中求不動就生內勁，一動內勁就失去。動靜相生，以動生不動，以不動生動。有無相生，以有化無，以無變有，一動就靜，一靜就動，全在意。啟動意氣。

6/14 ── 求靜為本，靜天地氣乃入身，神舒體靜，周身鬆柔，所謂身雖動，心貴靜。求心靜為本，心中求靜乃有內在意氣。

6/18 ── 乃是以一處動啟動百處動。不可動哪就動哪，要求腿中的變化，必然是要一動即靜，即生呼吸。身雖動，心必靜，以使天地靈氣入身應敵。

6/19 ── 一動就散淨身上筋骨之力，動即為了此。用呼吸即可消散身力。

　　待彼來犯，不理不睬，還之以踵，以氣包之。

6/20 ── 倒下時不用將力撐，以柔變內勁吸彼出。彼力來均以此應，自己主動也一樣。

6/22 ── 腳掌空鬆，則天地氣入身。以皮毛發人，呼吸發人。

6/28 —— 胯不離地，百般用腿，身不倒。

6/29 —— 聽天由命（化），只管打（發）。也就是純任自然，不作人為，只管發放。

7/1 —— 以意轉地上大圈圈，呼吸在手。

7/2 —— 順勢柔接（蓄），隱身化風（放），向前扶彼（出）。

7/3 —— 怪而應，柔而蓄，心在靜，吸而貼，貼而放，軟啊！軟啊！柔到底。隱身化風，呼吸在腳，一飛沖天，一落千丈，隱身化風，消失自己。

指連周身勁，指氣連周身，鼻踵相連呼吸，指掌要使勁（以意），意注胯尖應一切。

7/6 —— 一動即呼吸，不動也呼吸。呼吸是內氣的呼吸，以意運作，不是平時的自然呼吸。

出掌以騰空周身，鬼神驚。

7/8 —— 一有狀況立即用虛吸發，類隱身化風，活捉彼勁，百般動腿。

彼攻來，以虛包彼來力，則彼落空而出。

7/9 —— 打手指尖以內的東西，不是打身外。

神注彼勁打彼勁。動以扭動身內一個點，身即柔，動的是身內意氣，不是動全身。

7/12 —— 意想已被迫至極限，練絕處求生，進步才快，絕處求生用敗，心中一敗即可解除，亦可將彼發出。呼吸就是內動內功，先以身動，帶動呼吸。

7/17 —— 柔身不但是以心柔，更以調整腰胯柔。胯動身即柔，應敵胯先動，胯鼓力即動。

發是用吸的，把彼吸回來。

7/18 —— 彼力來，我以旋接點吸之，彼即出。

7/19 —— 彼力來，我將身上硬力化為柔勁，吸彼發之。

7/20 —— 發勁是勁到腳上，發時動立即不動，勁就到腳。

先要有動才有不動。先要有硬，才能化硬為柔。動則生硬，不動即化柔，柔則勁生。

7/23 —— 化即蓄，以化為蓄，以蓄為化，以柔蓄化。

7/28 —— 一動即柔，未動先柔，未倒腿先倒，一倒佔先機。努力求柔，讓它柔下去，一倒即柔。

8/1 —— 柔化後，勁不出身，作勢發。

8/4 —— 動而脫離，脫離形、脫離身。氣繞尾閭身即柔，柔一節即可化周身僵。

　　離而不脫，脫而不離，是謂沾粘。

8/5 —— 靜，內勁出，扭即是發。

8/6 —— 氣繞尾閭破任何硬力，亦可用扭身破。

8/8 —— 有心跌倒，無意脫身，跌脫一體。心中一倒，自即脫離，心要貼彼。

8/15 —— 求舒避燙（化），身柔連腳指。

8/19 —— 空肩臂，勁入胯腳，人不敢輕易進侵。

　　意想從門縫中鑽進鑽出，即有剛柔之勁。

按是按住。掤是承受。擠是擠身而過。攦是順勢縮身扶彼向我後。

8/20 ── 盤腿，以腰背盤腿。

8/23 ── 接敵用皮毛，不是用身接，然後觸我者即跌出。

8/25 ── 動動不離跟才有跟。都非自動，動必有法，法必求柔，動用法才能柔。動之根在胯，靜之根在踵。

8/28 ── 遇接以怕被燙似的，感麻電似的，觸而不碰（很輕）。胯帶周身勁，用胯頂胯根四點動，動乃求柔與穩。

8/30 ── 未動先柔，以柔為動，由柔入動，以動取柔。
　　　　　一動即柔，愈動愈柔。

8/31 ── 腰腿腳均可呼吸，處處可呼吸。

9/2 ── 腳勁一定要使出力來，身才穩，勁不停走。

9/5 —— 彼送禮來（以力攻我），我以包袱包之受之，吸之發之。

9/9 —— 彼推我，兩方相接之處不可動，以他處打之，餘類推。

努力柔身內之硬，每根骨節都可發。

9/10 —— 以己力之兩側以意發之，非以有力處發。或以散空己力包之，並非只化了事。

9/11 —— 腰作洗臉盆，接倒來之水，承接彼力發。

9/18 —— 遇僵即柔，歸無極一點，推手在比柔。

9/20 —— 發勁用自上至下剝彼皮之意，彼跌出。

9/21 —— 求柔莫過於用敗倒之心。

心中無身而有布幔飛揚，一動即飛揚，包捲彼勁。要練基本功，腰胯臀扭旋，轉指趾尖，一起配合而轉，及至周身全動。心裡一定要做開檔坐胯蹲著之意，即使坐著也作此意，以求下盤穩實。

9/22 —— 以意下按彼虛腿處彼則跌。向下填補腰腿勁發。

9/23 —— 練身是練柔舒綿，練氣是練心神意。伸腰以柔身。

9/24 —— 圈亦要柔，不可少，身上有圈就柔。努力動努力柔，努力使力，努力柔，努力硬努力柔，努力快努力慢，餘均如此。

9/25 —— 心理上徹底敗倒，就可徹底鬆透空透。用空胯、斷胯、斷腰應對，比用身好。身一動即空或斷，有事即放空或斷。

以斷裂我身，不要被頂到之心發，簡易有效。

9/27 —— 軟啊！軟啊！一軟一軟。以斷、環、分胯、扭胯、分腿求軟。

10/8 —— 碧水沉發。用心想在碧水中沉下之勁發，此時已全身鬆沉。

10/9 —— 力由脊發，脊先於身動，乃柔。根在腳。

腿先於身變，求不倒。

周身不可雙重，要扯得開、動得了。凡動要有兩點相扯，大不相同，身柔而有勁。

10/10 —— 盤腿（百般動腿），以肘臂導動。

10/11 —— 勿使身上著到力，用昂首或頂吸天氣消力。

彼頂來，我扭身閃過找發勢，所向無敵。

發人用上下扯陰陽。發勁要用放開著到力之處。不是使力，實是放力。仍有力，乃是勁。

10/12 —— 腿隨身變，步隨身換，腰是主宰腿變換。

10/14 —— 動必先扭，乃能柔。發勁要空身，乃有勁。

使氣勁全都調到腿中，以求上空下實，則柔穩。（用腰胯調）

10/15 —— 關節內合，周身即氣脹。以胯拉膝，充實腿勁。

10/16 —— 用頂是彼可發我，我不頂是我發彼。繞過頂力而進，即是妙發，即鑽空隙。

10/20 —— 以動把舒提出來，倒時就倒向身中舒的一面。

以扭旋內勁破柔者，勁要變轉，使彼莫測。

10/31 —— 動中一定要有不動之意。以腳使力呼吸。

根本沒有一般動這回事，動必呼吸，呼吸以足。每動身內勁必連到腳。

11/9 —— 一動即化為光。腰胯中勁有如戰鬥機戰鬥翻滾。

11/13 —— 腰中十字不可少，於是氣充腰胯。

11/20 —— 胸環必備。純用意發，必以丟身配合。

敗倒是真柔，配以胸環穩身。不動求靜為主。

11/24 —— 以帶脈為中，上下皆柔，根在下盤。

11/27 —— 找出僵來化僵，練消失自己。

以手勁弄出腳、腿勁，手腳齊到，勁仍要在手上，身勁自出。

運勁要有感覺，才是運勁。

11/28 —— 主要在作怪趴，使上身空無，勁全在下身。

兩胯似受推壓似的，以此練雙腿，類推至周身處處，彼一壓我即怪。

11/30 —— 圈、斷、點、軟、敗、倒、化、舒、碎、裂。都是為求柔身，化僵為柔，產生內勁。

12/1 —— 柔，欲柔，無論呼吸或動均須避用著力處，乃能柔。未倒腿先倒，小腿倒，即寧以柔化求敗，敗中有勝，勿以堅攻求勝，求勝則敗。敗而贏，退而勝。

「後其身而身先，外其身而身存。」（道德經第七章）

自救者必亡，捨身者必勝。

求勝之勝，匹夫也。以敗求勝，智慧也。

「堅強者死之徒，柔弱者生之徒。」（道德經第七十六章）

動靜合一，一動即求靜，一靜即求動。乃有氣勁的運作。

動即不動，呼即不呼，吸即不吸，靜中求動，動中求靜，動靜一體，陰陽合一。又要求動，又要求靜，求靜就是脫離先天動作。

練腿，心中努力使意力動腿，內動非外動，即呼吸。

12/14 ── 丟掉感覺，周身氣天地氣匯集腳底，使周身空無。

12/17 ── 周身一切與自己的手在推手。

12/18 ── 彼微動，己先柔，勁不可散離骨，骨上才是真勁。
　　一切外來動靜，以氣勁在腳腿化解。

12/22 ── 尾閭氣勁上捲，彼感壓力大。

12/25 ── 以皮毛粘迎來敵，向身內呼吸，以柔身抗重力。

12/29 ── 進攻時用身敗之想，退化時用身散之想，以求保持身之空鬆。

2008/1/4 ── 胯好像用力，腿腳也好像用力，動中求靜不求動，氣自強，接彼來勢最厲害。

1/6 —— 遇力即敗，遇動即靜，遇剛即柔。小腿用力，在小腿變化，以求柔身之功。

1/12 —— 用檔胯作勢接彼，身內勁用上下兩片互旋乃身柔。

1/14 —— 以假為真，假中是真。假則柔，真則硬。

1/18 —— 上身不動下身動，僵處放光即可發。

1/19 —— 纏鬥中，彼壓我之瞬間，我腳使意力彼即出。

1/20 —— 手臂或腕被抓住，以抓住處為軸心點不動。繞轉反抓，可四兩撥千斤，抓兩點時軸心點在兩點中間。

1/22 —— 無極點發光求身柔，神坐胯不坐，全是神意，練神意。

1/23 —— 動即喘氣，微動即喘，是則呼吸下沉丹田。

1/24 —— 身內圓球化轉活潑，使彼落空。

1/26 —— 練自跌自倒，練敗倒勁。

1/27 —— 身呼吸，身一使力一緊即吸，一鬆一放即呼，是為身呼吸。

1/30 —— 心中以光包彼之力，彼無可抗。

2/1 —— 在前面頂，用後面一處發，彼即出，前頂後發之法。

　　想到感到何處受制，意就脫離何處。心想推手，練神意，也是在打拳。

2/2 —— 腰背頂成一軸，轉內勁，極犀利。

　　彼壓我而生抗力，我意想身內空洞，彼即出。

2/5 —— 「**取天下常以無事。**」（道德經第四十八章），推手不要把自己的力用出來主動攻擊。靜待彼動，無為，而無不為，以靜制動。

2/10 —— 發勁想動而即不動，想快而即慢，想發而未發，即可把身上內勁放出來。

3/3 ── 動中求靜，一直在動，心中一直求不動，功奇大。

繞其實而鑽其虛，彼無可抗。

3/6 ── 轉要有軸心，勁乃出。

心中保持，作勢抱地上一堆草似的，彼摸不著我的勁。

身內鬥牛，臀扭動四肢，身內勁鬥牛。

3/8 ── 意想化解外來之力，引動周身氣勁變動，自練身內勁。

3/12 ── 練用手勁指勁，呼應周身勁，不可用力，放鬆硬處。

3/13 ── 胯動之前，先一腳使力，使身內柔勁足。

3/17 ── 以轉尾閭啟動腿勁。

用肘彎啟動身勁，肘勁要鎖住。

3/21 ── 用上身啟動下腿勁，周身勁出。

3/23 —— 身中空鬆，加搶球勢，動前先動腳，以練勢。

3/25 —— 周身硬勁要全下沉到小腿及腳，用腳使勁即可下沉。

3/29 —— 不發自發，用順勢敗倒勁發，使勁沉腳底。
　　太極本是一陰陽，動靜變化心中量。
　　千變萬化順彼勢，腳上發威彼飛揚。

4/1 —— 不發自發，用敗倒。
　　未動先變周身勁，不動自動是真動。渾身化勁化即發，讓中寓攻攻寓讓，陰陽一體太極勁。

4/5 —— 順勢倒，勁即到腳，故可有發，敗則身可柔。
　　應來勁，必先棄身以敗求柔。
　　發勁是把腳上勁弄出來，所以用敗倒。

4/9 —— 用意站足腰襠胯之勁，準備應對與發放。

4/10 —— 身內轉圓順彼，令彼落空。
　　用順勢敗倒之意接彼來力發彼出，是謂接發勁。

4/18 —— 動腰背臀後側，反應最快，以之動四肢。

4/19 —— 腿上勁由手臂啟，腿勁不可斷，斷了就接著啟。

4/20 —— 把兩手臂一直往外鬆，讓全身脫離肉身。

4/21 —— 保持搶球搬石勢，再加臀吸地氣，不愁人推。常做臀吸地氣能發揮腿中氣勁。

4/22 —— 身上保持有線吊住，又柔又穩。

4/30 —— 腰胯為根，絲通四肢，乃至宇宙。

5/3 —— 彼襲來，我「以勢相應」、「救危在腿」，心中以腿發大力，發光、發聲、喘氣，以胯力搖晃身體。

　　動中不動求柔身。以意用胯抖掉身之水似的，以啟動周身氣勁。求柔用柔。以勢相應，勢在搬石，抖胯、扭胯。人將動己先柔（一心碧水沉），找僵抗處柔。未動身先柔，腳柔周身柔，求柔。

5/10 ── 太極拳是練先天真一功，以無極一點作呼吸，合日月天地之中心點。

以勢相應，彼犯我，我勢與彼勢陰陽相合，愈切合愈妙，配以無極點呼吸，一心求無為。

5/12 ── 發勁要求不動，不動勁即起於腳底。

愈求消失己力，勁愈大。動來動去求消去己力而已，兩腿不撐不站，似彈簧。

5/13 ── 一動就會用力，就會僵，就要改為呼吸，不可動，一動即靜即呼吸。動是在求消失自己，以呼吸來消失。

5/19 ── 動不在移身，在準備跳，準備啟動，求腿勁之調整。

5/22 ── 拉筋動內，用哪拉哪，以啟動內動。

5/23 ── 不可自己拔跟，把跟穩住。

5/24 ── 以頭穩身，以頂拔身內筋穩身。

5/26 —— 任何勢，都在準備好腳臀有可動之勁，動必先鬆，彼一動，我接處必鬆開，勁暗藏於腳，用勁是放開勁。

倒勁之用—動必先倒，心求倒勢身乃柔，遇僵必倒，逢襲先倒，化推以倒，未發先倒，意倒身未倒，無時無之，以求身之柔。

用周身擰勁扭彼之臂倒之，非用手勁擰。臀底一旋，周身勁即旋。用怪身呼吸，任何動身都可柔。

呼吸不離頭踵之勁，加用意作跳。

5/31 —— 粘人，以皮毛燙人之心。

6/1 —— 呼吸取代一切，一切都用呼吸。

6/2 —— 完全是用呼吸脫離動作與身體，乃至一切。用腿腳撐就倒下去了，不撐就不倒，妙！不撐，腳要有著力點很重要，還要有怪姿感。

6/3 —— 怪身柔腿，不懼人推。不撐不頂，氣留給腳與小腿運。

6/4 —— 全在呼吸，動出呼及吸來，氣要迴轉。所謂呼吸，都是指內呼吸，並非口鼻呼吸。

6/6 —— 要周身輕靈，欲動即不動。

身內勁上下縮，氣上下打轉。怪姿不可少。

6/7 —— 用臀與大腿動腰，用他處動一處，非該處自動。

6/10 —— 腿可使臀之勢，隨時可發。

6/11 —— 勁完全在踝、小腿與腳，是蓄，動胯是用。

6/18 —— 拳要多少高，腿氣要多少強。

6/23 —— 手勁要通連腳勁，相互啟動。

6/25 —— 動一定要動處不動，以他處動，身才柔，勁才出。

6/29 —— 動而不忘其本，心中要有保留原姿不動之心，雖有外形動，心中仍有保住原姿不動之心。

7/1 —— 斷裂克敵，身一定要有斷裂之意，方利柔身克敵。

7/3 —— 用身勁鼓盪內氣，外動催動內動。

7/4 —— 用腿是放掉腿，不是用。同樣是放臂放身，不是刻意用，是刻意放，不是用。

7/5 —— 起腿是用胸圈騰空腿中之力來起。是使腰背之力，著力在腰背，則身柔人不知。

7/6 —— **接**—凡來力都是要用接，以敗倒來接，可發。

7/12 —— 動在伸縮擰扭內勁。粘制用周身勁旋轉。
用手捲身勁粘，人不知。

7/13 —— 接處一定要定住，一定是用身制，非用手制。
練倒，勁始沉於腳，腳勁一旋即發。
遇攻先心中柔倒，則勁在腳，身可操作似彈簧。

7/14 —— 動與靜是心中的想，不是用身，心想動即是動，心想靜即是靜，有如一呼一吸，心想呼，心想吸，如此而已。

7/15 ── 勁呼吸，鼓勁碎骨。骨不會碎，反在強骨。

7/17 ── 動肩即不動，動關節即不動，內勁始生。

7/24 ── 以手引氣，手動隨即不動，引周身氣出。

7/26 ── 動胯伸縮足矣，足可成高手。

8/7 ── 不管動在哪裡，腳都要著到力，周身才鬆柔。全靠小腿及腳使我不倒，周身柔。

8/14 ── 以身攻彼身內一點，彼必退，以神注彼身內一點。

8/16 ── 守住頭頂，勁在指及趾之尖，轉周身勁。

8/21 ── 練骨用骨，動中不動是練骨，是真勁。

8/22 ── 心想身受重壓身自柔，內勁自出，練內勁之佳法。

　　練腿，練腿壓物、提物、撥物、抬物，轉物。全是意。

8/25 —— 起腿用肩背力，人不知。

用怪身柔腿，使力留於腿不在背。

迎敵用無極點。無極點是身內一點，無陰陽之分。於是我周身空無，敵不知我。

8/28 —— 動要先柔後動，調變內勁。怪身柔腿。

扭動骨節調變內勁。變，打拳是變身內勁而已，內動形在外。

8/30 —— 接敵後氣勁流得極快速。

8/31 ——

柔身動胯求身柔，收緊帶脈氣滿身。

開檔縮腿呼吸旺，尾閭放鬆腳上穩。

9/5 —— 周身處處都要柔活，是活的，不是死的。

轉動雙膝中點，則靈活無比，（以身帶動雙膝內轉）力由膝發。

9/6 —— 勁集於頂則身柔，柔身用勁集於頂，「**滿身輕利頂頭懸**」。

9/7 —— 以胯挪腳，意動身未動。

9/9 —— 手一拍出去即不拍，掌使足力增發力。

9/12 —— 周身不可有絲毫著力處，只有斷裂處，心中求的是清虛空，不是求動。一有動即求清虛身自空。

9/18 —— 欲動先鬆身再動，則可動中不動以呼吸動乃是真動，其中即有鬆沉，才有穩實的內勁。

10/1 —— 用手手不用，用胯胯不用，用何處何處就不用，身即鬆，則周身勁生。全在心中，不在外面。

10/2 —— 欲用手，一定要用手拿出腳來，是用腳。

10/4 —— 軟就是動，動中只求軟不求動，練摺疊轉換。

10/9 —— 打拳非動，而是柔身自變，不動不移，無呼無吸，只求柔身變身，於是自動自移，自呼自吸。

10/10 —— 一有動意，心即想不動，身自空鬆。意在用法，不在動作，則純柔。

10/13 —— 要做動作就作怪動作，怪動作才能柔，才是拳。

10/15 —— 以膝中點穩身，用點不用身，亦可用其他關節中點。

10/28 —— 身動時腳中勁氣一定要配合調整，否則腳倒人倒。

10/30 —— 發人是用打自己，如用臀打腳，腰打胯。

11/1 —— 腹呼吸，用小腹，以意收住小腹呼吸。

11/4 —— 能知不用手，才是太極拳，才能得太極拳。

11/6 —— 動以骨動。硬物撞我，我以皮毛接，或碰我此處，我以別處接。

周身勁從指到腳連為一體。出手用身內有力處放力發。

11/11 —— 變化在腿，一切都在動腿變化，上身要鬆柔配合腿變化。

11/18 ── 正面不接敵，心防左右後，正面不接自接。

用腰胯腿腳拉周身勁來動，僅此一法亦可成太極。或以腰椎拉動周身筋，根在腳。

11/19 ── 不接前面敵，心防左右後，接敵不用手，身接手不接。一身分二處，接處不可接，渾身處處接。

11/22 ── 不但上下相隨，要處處相隨，一動全動，腿內能相隨，身不會倒。不是隨便動的，要求鬆開，鬆不開用別處鬆，都可用別處鬆。

11/23 ── 練抽而不抽，纏而不纏，動而不動，乃為真。全是意，絲未動，意在動。

12/2 ── 身變桃花樹，滿樹桃花紅，周身可發勁。

身處密林中，鑽擠穿葉過。

彎身桿下過，昂首把身直。

未過神已過，神形一體合。

欲飛卻未飛，全在作勢中。

言以意想，內練氣勁。

12/4 —— 身內關節開合互扯，全是心中的想法。

12/7 —— 逢猛鬥一定是皮毛要攻、筋骨要空、襠胯要用。柔勁不離身，僵勁不能留。

12/10 —— 動不可用僵處，用僵處動身必僵。

12/11 —— 有提有放，提放即接發。

12/19 —— 出拳發勁是放掉實處勁，不是用實處勁，毫無俗思。或以虛處發動內勁。

12/20 —— 先頂出虛實，以頂處皮毛一發光就生發。以意想日或月，吸靈氣遍全身，化發均可，乃形而上之功。

12/21 —— 每一動都加不用力之心，差很多，可保身鬆，培養內勁。
　　要跌下都由於腿勁轉換不及。練時小腿勁用膝關節轉化，腳勁用踝轉，配以身勁。勁的連接用呼吸。

12/27 —— 心想腰後有壓力推過來與之頂抗，此乃練

功，要不用力，永保身鬆。勁由呼吸轉換，留於骨中。腰後有壓力，內勁即出。

12/28 —— 用腰背腿皮毛攻。

12/29 —— 手提身放，提時勁在雙臂，周身全放空，雖空實有。

2009/1/2 —— 猝然被發，馬上以鼓腰環承接，彼反出。收緊腰環不可放，以動變腰環因應，呼吸全在環。彼推我，我用丟腿，丟腿不丟腳，然後呼吸在腿腳，同時以丟胯、丟臀、丟背配合，愈丟勁愈大。

1/3 —— 要柔，著力只在點不在身。

1/4 —— 不斷用虛接敵，如此意已至虛，即可發。心中有環、有點，身已柔，故可發。

1/5 —— 動時，氣勁以圓繞軸心轉。身內有兩處相連，身可柔。

1/11 —— 用周身輕靈可輕易制敵，節節輕靈，處處可

呼吸。用實處呼吸即輕靈。

1/22 —— 以一動足踝即倒之心，滑倒似的，既穩腳，又可鬆身。

1/27 —— 動時要用拔身內一條筋，要有筋可拔，於是身可柔，勁可整。

2/3 —— 動先動骨，呼吸在骨，骨之根在胯踵。

2/5 —— 不斷以腰腳吸地氣入身，天氣自來。

2/6 —— 不是在動，而是把身內勁氣啟出來。
力集膝中一點練膝。
一動一呼吸，要呼吸就要動，要動就要呼吸。

2/7 —— 纏身之中軸，調養內勁，和血舒筋。

2/15 —— 放棄力，用腰腿將腳吸入腰脊練跟。假想有人衝到身上來，把彼彈出去，練意勁。

2/18 —— 僵由呼吸消，以身作大呼大吸柔身。吸要吸到底，呼要呼到底。

2/21 —— 屈膝丟身小腿動，足碾地上泥，以強小腿及足之勁。

心以敗倒來接，勁沉足底為發。

身以敗倒而動，氣以大呼大吸。不倒不動，不呼吸不動，身已大柔。

屈膝鬆腰胯，動來動去只動腳（腳碾地），增腳跟之勁。

2/22 —— 扭身鑽虛，彼必出。

3/1 —— 推手在調整周身勁，使舒暢，尤其腳要舒暢。

3/2 —— 動乃用呼吸消有形之身，使舒暢。

3/4 —— 以身扭動腿腳勁，勁全歸腿腳，動時有感覺。

3/10 —— 動必先放身。接手要有頂，化中有頂，才能發。

頂就頂，拉就拉，有頂有拉才有發。

3/13 —— 先引彼頂，即可發之。

3/15 —— 發勁用臀部壓小腿、大腿、腳跟⋯⋯。先引彼頂即可發之。

以腰壓臀，以脊壓腿、壓腳發，都是發彈簧力。

3/17 —— 兩腿互吸、互拆，一開一合，均可發。

3/24 —— 人推我，我不是求不倒，心中反是求倒，倒中有不倒。

3/29 —— 任何姿勢與動的變化都在用腿，腿中氣勁要充沛。

3/30 —— 發柔者要用海浪拋之，硬者鑽其虛。

3/31 —— 推手始終保持有沉墜、涵拔、開落之感，則身之鬆靈不求自得。無形無象，人變沒有了。腳底承受全身之重，不能只顧動，要顧柔，把氣感弄出來，即可無形無象。

4/7 —— 以胸環、腰環⋯⋯呼吸鼓盪。

4/9 —— 只是蠕脊椎，勁連腿腳，要有趴勢。

4/13 —— 力集於腿，用趴將勁留在腿內。

4/15 —— 環與片，以環粘，以片發。

4/20 —— 在運動中，只骨節、關節，互扯互動、呼吸。

5/1 —— 發全用「意」，把意用出來。

5/5 —— 萬動氣不可斷，氣要充沛。動是氣動，不是身動。接到時將勁運至腳才可發，由於勁已至腳，故可發。

5/15 —— 碰我上或下或中，我均以下應。

5/16 —— 以接處粘，勁連至腳。用鑽空隙發。

5/18 —— 推手時檔腿向上吊縮，消化來勁，始終保持吊縮檔腿之勁。

5/23 —— 發，實在是引勁到腳，謙讓而不發，以檔胯承接彼力，要發隨時可發。先承接，接住才能發。接

是手上接到之力通過身貫至腳。以敗心承接，境界才高。

5/28 —— 兩臂不要用力是真訣，手臂去力。

　　無論如何動，氣勁不離腳與小腿以為根，以此為動之本。兩腿敗跌勁力增。

6/5 —— 柔倒時胯與腳內要有變化，可綿綿不倒。不可無，無則不活，並非只柔即可。

　　並非只柔身即可，深度有限，有變則無窮。

6/11 —— 應對來力，必以腳應。

6/12 —— 出手動腳，必用變身而出，非手腳自出。勁必達手指而練，勁根在踵，刻刻守住此勁。

6/16 —— 練腰肩胯等各關節的柔，求各關節之無力，乃勁。

6/18 —— 動必先身內轉換內勁，倒必以小腿穩身。沒有動移，移用轉換內勁。

7/7 —— 反關節不可在反處對扭，要從反處通過身至腳用腳反扭，則全身勁出。

7/12 —— 引之在左，打鑽其右，餘同。
　　攻守，內勁要活潑變動，使彼不知所措。
　　打人，把脊中骨髓勁啟出來才強。

7/14 —— 勁運至腳即可發，任何勢都可用。

7/15 —— 動即要放開自己，以皮毛吸外氣，運作氣勁。只有放沒有動，放開自己身才鬆。

7/17 —— 反關節扣住，有如發之接好頂好，是臨界線，然後以腰胯腿跌之。

7/19 —— 不但要想以意氣運作應對，更要多想吸天地氣，合日月星辰、河海山川，只用意氣，不用身體動。

8/6 —— 反扭住彼臂或關節，不用硬扭，要使之一動即痛。
　　並非只轉彼一關節，而要通往他關節，使之跌。

8/10 —— 彼以反關節扭我，我以向彼力之側轉，走虛處化解。以意往虛處扭，實處為有，產生實處再扭其虛處。

8/20 —— 身再怎麼動，腳留原地不動，以練跟勁。用時則不同，步要靈活。

9/4 —— 縮身拉出一根內勁，可化任何壓力，因身已柔。臀一坐是發，以縮伸坐臀。

隨時在用腿。用一腿使另一腿，上在粘下用腿，上下相呼應。

9/21 —— 太極拳走架，是在變身，不是作形。

9/23 —— 以臂轉其肩關節，彼欲救之，改用身轉則就倒，若仍不倒，擊其他處必倒。

10/3 —— 把來勁及己勁全都吸入腳，就隨時可發。

10/12 —— 以腰調整四肢勁周身合一，才是周身一家。不可有身動之想，只可有以身沾粘之想。只有呼吸鼓盪，沒有動。

10/21 ── 不動四肢動腰胯。太極拳不作四肢之關節運動。

10/23 ── 打人不要用打，用鼓身內氣，勁才大。

11/14 ── 化中加粘，使彼順勢而跌。
　　發人用意想發遠處之樹，意力發到樹再收回。

11/20 ── 化解來力，以將彼力引至腿腳之想化之，以彼之力為用，乃妙。不用自動之力，用被動之力。

11/25 ── 以腰動腳，身形隨動身乃柔。

2010/4/3 ── 用摸而不摸，推而不進，這樣可以使出腳勁來，彼自難抗。一定要為而不為，動中求靜，陰陽合一，才有太極。同樣可用呼而不呼，吸而不吸。守中不離，空身上之僵。神貫於頂，立身怪怪，全身勁貫於腳，身即輕靈。
　　用手指呼吸，身即透空。手指著力，即有呼吸。手指勁不可斷，始終保持即生內呼吸。
　　不是身動，而是鼓動內呼吸。

5/5 —— 不可只化，將來力經身接上腳，可隨時發。發時以發而不發之意方合。

　　要有發中不發之心，乃能發人於不知，用想即可。

5/23 —— 用指運勁，動時用以指運身內之勁，則全身勁合一。

5/31 —— 要慢，慢則可鬆靜。用手發而不發，即發勁。動前先呼吸，然後可連續呼吸。以意伸縮即生呼吸（內）。

6/8 —— 動時身上哪裡著力，就用哪裡呼吸。以身動發動內呼吸，著力在骨。

6/23 —— 呼吸用身之動即可，不用呼吸，用動身呼吸，好似遇阻力，即生內呼吸。

　　動身呼吸，一動呼吸自來。呼吸均是言內呼吸。

　　也可放鬆身體呼吸，身放鬆了，即可產生丹田呼吸。

7/1 —— 腳之筋要拉長，每一動都要注意拉。

7/2 —— 發勁用振開腰椎上的一條帶即可。

7/11 —— 動時身一動，即生呼吸。

7/18 —— 出掌用全身氣勁，勁宏大。

7/19 —— 一舉動周身求空，使彼無著力處，而己身則氣勁全出。

7/20 —— 用腰是以腰主宰胯腿，非腰自動。
內勁全從身內走，連於腳趾與手指。

7/31 —— 一動周身勁全縮入腳跟，使周身全空。

8/1 —— 一定要將勁連到腳與手。

9/11 —— 腳勁要深入地下，不可只到腳。深入地下是意。

9/12 —— 用身動自己尾閭尖及腳，身全柔，練內勁。

9/24 —— 用脊，勁流粘過脊，勁似粘膠。

9/25 —— 只是想要動，實不可動，以增長意氣。打招式只是以意作勢而已。想吸氣而未吸，想吐氣而未吐，想運轉扭繞氣而未真做，但意氣已在動。

想做而未做，練意氣。

10/3 —— 氣勁必通旋至腳，腳方不失跟，一動即連，不可斷，以身呼吸連腳氣。

10/4 —— 哪有什麼化，是接彼之力發之。

發時一發即伸腰呼吸，使周身柔彈。任何動也配以伸或縮腰呼吸，使身柔，培養彈勁。

10/5 —— 彼力直線來，我總是繞虛處進。

10/6 —— 不要有勞累身體之想，全在調運氣勁。

10/7 —— 用身勁調動腳勁，腳勁能調身自安。

10/9 —— 在意識上要覺得周身乏力，如醉似的，對敵有人若無人。

發勁身動要慢，意一動內勁已動，故身不須快，快了反壞事，同樣，動也要慢。不要刻意找發，易失

敗，待彼自送上來，得手就發，即接發，非只化。刻意找發，要用心，不可用手。

　　動時必旋轉點，平時也要練，身內身外都可，以練氣勁。

10/11 ── 出手打不用手力，用縮腿之力，極快。

　　千招萬式，不如腰胯一扭。

　　出手絕對不動手，用身內內勁。

10/12 ── 意動身不動，神快身要慢。

10/14 ── 一定身上要分兩處互拉，才柔。

10/25 ── 哪裡有僵，只要用意呼吸就可鬆。

　　破來力頂我，不要退，用內勁發之。

　　破來力，以內勁滑溜消之。一動即改呼吸，以運作內勁。

　　頂住時用頂住處滑溜，或以意呼吸發之。

10/28 ── 只呼吸就可以了，不可動，只用呼吸。

　　以意微動啟動呼吸，勁氣即周身流旋。

　　是身呼吸，以胯帶動，以腳為根。

每一動，均能以胯調整腿勁得到機勢，百戰不敗。不是隨便亂動。

每當練，要心想遇到很大壓力，內在氣勁隨而產生，以增功力。

10/30 —— 用力而不用力。例用手推而手不要用力，即全身勁出。用他處也是一樣。

心想用何處，何處就不用力。

11/3 —— 發放心中先求用力發，隨即放鬆，乃彈簧力，發之根在足。

11/10 —— 推手不是弄別人，是以身腰弄自己腿，以發揮腿勁，即可制敵，腿腳勁要充足。

11/12 —— 拼鬥，身鬥心不鬥，或心鬥身不鬥，乃能身柔勁足不為人知。

11/13 —— 凡鬥牛先要用勁與之頂，然後一放勁彼即出。只化而無頂，無勁可放。

11/22 —— 發人跌人必以交叉力，使彼跌，非只單向

力。主動發敵時，先以單向力使彼硬，再用交叉力使彼跌。

　　發時不是用力，而是放了力，使為彈簧力，即是內勁，內勁是一種柔中寓剛，剛中寓柔的彈簧力。

12/10 —— 接外力要到腳，方可發放。

　　練身氣由腳通地下，如海濤之鼓盪。

12/12 —— 勿為慣常觀念所誤，一動就想動外形，而在求腰胯變化之活潑，其跟在腳。動之快，在腰胯變化；身之健，在腰胯變化帶動內在變化。

12/26 —— 斷裂大增內勁，且可健身，並可用以呼吸。

12/27 —— 太極拳在於以調整內勁，而生外在之形之變化。每動均在求化引蓄拿發結合為一。彼力在我身，我腰一移一變即得發。以腳跟勁發，發要使彼無轉化空間，一發即出。

2011/1/10 —— 要感到氣之形在地下深處，能化能發，誰能勝之。以腰環後面半圈一伸一縮，即有發。

能屈能伸，任彼推來，我順勢柔身屈迎即蓄勢，是為屈，然後發內勁發之，是為伸。並以身前貼使之遠。練架每一勢都如此為之，只是不發而已。即能屈始能伸，臂上千萬不可有力，一有即不但無從做到，更會被發。

1/11 —— 用腳底發，令彼無預警，否則身上有動靜，彼必知。

發勁用打拳招之方式，使胯腿腳上勁發出來。因為打拳招式是用胯腿勁。

1/13 —— 接來勁，以尾閭落到地，勁可到腳，即可用跟勁發。

1/14 —— 彼用力推在我身，我欲向右後攦之，以左胯轉向右側橫打，較回身看實用，後攦之勁隨之而生。向左亦同，不攦自攦。欲求柔身，以斷裂碎裂為之。

1/15 —— 心中保持似鬆非鬆、將展未展，就可以隨時化發。

1/17 —— 把彼弄僵是大學問，熟思之。實際上在弄僵時，心中存發放之意，彼即出，已是發。

1/19 —— 求敏捷，要用心注意對手之動，非用手，須用心直接反應內勁應變。

　　氣勁的跟必在踵，不要著力他處，呼吸之跟亦在踵。

1/22 —— 凡動要求著力到兩處，二點相連，身乃柔，勁乃出，勿只著一處，以產生內勁，乃有陰陽一氣。

　　動何處，何處就不動乃佳。

2/10 —— 發人重在把彼弄僵，即使彼已硬，也要使之更硬，不使軟。彼若柔，以海浪拋之。

2/13 —— **擦地功**—任何動移，都以用身之某處擦地，如何移、如何擦，擦地功，以求鬆沉勁。

2/14 —— 勁在腳腿走動，不在上身，使上身保持鬆柔。

2/16 —— 被推要倒時，以身之部分倒，部分不倒，一

切練都是這樣。

　　身內成陰陽二勁，倒勁使彼落空，不倒之勁發之，一定須如此。不倒是以身內部分勁穩住己身，倒是使鬆柔。心中先求柔身才有。

2/19 ── 全在背轉順行，有形是用襠胯轉，無形是用意氣轉。

2/22 ── 發勁用想用手而不用手，一切先想用手而不用，周身內勁全出，全是用意不用力。先用力，隨即不用力。

2/26 ── 凡動一定要用內勁，非外動。
　　不可身移而小腿不動，小腿勁一定要隨著動。

3/1 ── 動時，只須把手上勁運到腿上，身即柔，不可斷。

3/2 ── 尾閭一定要向下鬆落，下盤才鬆穩。
　　發勁襠胯腿腳要移而不移，於是內勁全出。

3/7 ── 調整襠胯作勢發就已發，高、強。

3/11 —— 以柔身發動腳跟勁，勁起於腳跟，身始柔。一倒即調整內勁，使周身完整一氣，勁達於手。

3/22 —— 發勁不用身上一處，以海浪全面捲之，配以腳勁（以柔身動腳跟勁發海浪）。

3/25 —— 在意識上將臀部放大充滿氣，根於腳。

3/26 —— 不是動，是腿腳在喘氣。

3/27 —— 推手以身拔腳，勁已出。任何動把周身內勁先拔出來，若彼未動即可擊之，若彼已動令彼落空，再擊之。以身勁拔腳勁，用腰脊拔胯腳勁，勁鼓足，身才柔穩生剛。腳與踝的變化要活。

　　凡每一動之前，必先以腰脊拔腳，使出胯腿勁，否則勁不順。動前必先以腰脊拉住腳，才能穩住腳不浮。

3/31 —— 發放先以假發，使之先自救，隨即以腳底勁猝放。

4/1 —— 將勁力壓縮在胯，則上身全空，下柔腿。充

滿胯勁胯氣，不可外洩，安全無虞。

化陣清風，放大自己，消失自己，縮身無形，都是氣勁，都在胯動。若勁沉腳底，就是發放。

4/10 ── 俗人發人用動身，拳家發人以氣勁，避頂鑽虛，如水之避阻入空。或以鼓盪拋之。

俗人打人以拳擊人，拳家打人打自身腰椎。或以脊擊胯，或者以關節在身內撐開，勁強。

4/11 ── 臀挪移，化一切來力，不但化，還能承接發放。

4/17 ── 雖是單腿，但實腿勁要能隨時變虛。

4/18 ── 看似雖打姿式，實是求兩胯內勁之變動，這是練胯動。用時全在胯變。功在胯，不在形。

4/19 ── 不是動胯，要以胯動周身勁，乃內動。周身勁乃能一致。

4/20 ── 千動萬動，原根不移。原根是原來站穩的勁，如一棵樹一樣，屹立不移，即中定之勁。雖有移

動，但心中仍要保持不動之勁。

4/21 ── 心中努力用兩胯之力，身即柔穩，跟在踵。

4/25 ── 不管何處動，勁一定要鼓足於胯，妙訣。
　　以胯呼吸是為妙法。氣不要到別處，兩胯內之氣膨脹堅實。

5/3 ── 外動啟動內動，上動啟動下動。不可只上動，上動必生僵力，一切上動都是下啟動。以胸環啟動下盤呼吸。

5/9 ── 練基本勁要站站不起，要坐坐不下，似某處被卡住了似的，進退左右都一樣。雖仍移動，但須有卡住之意，內在氣勁即出，也就變內呼吸了。
　　又一有卡力即變呼吸。氣要鼓盪變化無窮，外動啟動內動，內動啟動呼吸，呼吸啟動內勁。

5/12 ── 以意繃出臀胯之勁為基本之勁，只要繃拉就有了。

5/16 ── 以骨關節任意相合，周身必柔，內勁強韌。

氣勁不可出身外，在身內方能使用。

5/19 —— 培養周身氣之跟在於腳，鎖住不可斷。以調整身腰來鎖住。

5/22 —— 不僅只是動臀部，一定要有坐穩向下之勁。周身勁不能亂置，要集中在臀。先吸足周身氣，以備用時呼發。用腳呼（勁一定要鼓足在雙臀）。

5/23 —— 遇倒撐力在胯，勁集胯膝或踵，不可稍有差錯，不能在肌肉。

5/24 —— 氣不是在身內亂走的，一定要根於關節，斂入骨內。

　　只能動腰以下，以上是不可動的。腰腳胯屹立如山，不可撼動，但軟弱如柳。

5/26 —— 繃勁一定要有（二處拉緊），倒時用繃穩身。

　　用怪身找出繃，是活的，不是死住不變的。凡動必怪，身始靈活。

5/27 —— 勁不可集為塊狀，而要呈由脊叉開至胯腿的線狀。

6/3 —— 化不能只用鬆，要拉住某處內勁，先穩住身，求不倒不失中定。

6/4 —— 練自己上半身和下半身在推手互動。動時身內一定要有兩處互動，實是要法，身乃柔。

6/5 —— 動以身之左右兩側作上下動，就很活潑。

6/9 —— 扭動身內勁身不倒，動外形易倒。

6/10 —— 動時以胯拉住腿勁與腰背勁為要領。又，任何狀況只要動胯即可解除。

6/13 —— 以大小腿上下互拉，周身骨節互拉，沒有用動的。

6/14 —— 用腳推拉尾閭尖來動身，身內勁全被動，無自動。好像是在努力蓄勁。

切記！內勁只可行走在身內，方可不倒；走身外，內勁就散亂必倒。內勁上下相錯。

6/15 —— **上下相錯**—是自己以意氣勁上下對錯。動中

心中求身不動，進中心中求身不進，扎住原勁之根。

6/16 —— 動要把身內氣動出來，不是破壞氣。鬆胯求動中不動來動，是則動的是檔腿。若不求不動，必牽連上身肩背，產生勁的散亂。

6/19 —— 運動中腳中氣不可停住不動，要配合周身氣勁動，方不倒。不求有勁，但求無勁反有勁。接手但求扶彼不要跌倒，彼壓力反大增。

6/20 —— 勁不是亂走，要以胯至踵與脊，建立有感無形的力架。其外雖無，實變化無窮。然後自己以胯脊把踵腿上拔，反使生根。或用胯勁把上下氣勁都吸入胯。

6/24 —— 不僅只內運，心中更要以腳盤巨石似的，以增強腿足勁，穩固下盤。

6/26 —— 心中以動骨不動筋肉之意，筋肉合骨髓皮毛，用足踝把肩縮入踝中。

7/4 —— 先要做成球（接好頂住），才能發球。彼力

來，我柔身接好頂好，彼不來我自己找球。也就是要先拿好以後才能發。

7/6 —— 左右臀底，一前一後互動，極佳功法。臀底一扭即有前後，以增長氣勁。

7/16 —— 用調動周身骨節，調到手指腳趾，鍛鍊內勁，功非小可。

「用意不用力」同「用力而不用力」，亦同「用手而不用力不用手」，亦同「用心不用身」，不用力就是不用身。

7/20 —— 每一動把內勁動起來，即是作內呼吸，始是打太極拳，功方能日長一日。

7/23 —— 利用胸環合踵腳呼吸，亦可用開檔吊胯為吸，涵胸拔背為呼。

7/27 —— 走架時假想有人用勁蠻鬥，以適應應付蠻力，增長己勁。假想（用意）即是在修氣勁。心中要用力，是意在用力，不是身用力。

7/28 —— 腰椎、尾閭要垂直擺穩。當彼加力於我時，方可攻可守，勁不散亂。

7/31 —— 以環穩身，胸環、臀環、胯環……合一用也可。處理彼用身內骨節。

用無極點，至最高境界，由太極還無極，還虛無。

8/20 —— 一個簡易密訣，一般動都先動身，練太極拳是要先動意，乃勁可整，身可柔。

8/22 —— 周身氣勁要平均，毋使有凹凸處而為人知而轉化。

8/25 —— 動時踵勁先起，勁起於腳跟。

10/15 —— 一定要為而不為，為中不為，有為時即不為。為中不為是消了先天自然之能，化有為無，一動即以呼吸化有為無。勁在腳始發。

練氣化神，隱身化風，以神發。

練神還虛，一用神發，心中即不發，也是為中不為，有念化為無念。

對敵，站時用踝，蹲時用胯對付之。

10/28 —— 反扭彼手或臂，避實而扭。避實打虛而扭，令彼跌。

遇敵用腳底及腿即可退之，要能如此。

11/11 —— 腳踝要保住有力，用踝跳之力。

11/12 —— 沒有動的，要動就用扭一扭，即呼吸。

11/13 —— 藝高者用身用腿不用手，再高者全用氣勁，再高者，氣勁用而不用，全用神。

11/14 —— 躬縮挺伸，可用臍呼吸來做。

動一定要用拉筋，即已是呼吸。又不可著力在肌肉，全由骨行而生勁，所以勁在於骨。

11/17 —— 用身帶動腿，乃步隨身換。大變周身內勁、腿勁。

周身求空，空中更求空可發放。一動即求空，動動求空，有變即空，甩掉身上肉，求垮、塌、空。

在有為中求無為之功，身乃空鬆，全是內勁。

11/9 —— 絕無動，只是內勁變化。

11/20 —— 臀磨地可帶動周身勁。

12/2 —— 用承接而不用頂，動身不動形，即可發。

12/4 —— 彼擊我肩膀，我上以接，下以胯抱之發。彼擊我腰，我以腳發。彼推來，我以腿蓄放；彼不來，我以意找彼之實，以胯抱發之。

12/16 —— 練不動身，只練動胯腿，乃基本功，入門之徑。用臀磨地，即是胯腿動。

12/17 —— 不可移，要由動胯腿移。
著力於骨，凡有都收歛入骨。
有動變，胯腿要反應得及，則無不克。

12/26 —— 力著胸圈最強，柔剛一體。能找到身上圈就不會倒。

2012/1/4 —— 遇襲必以承蓄發，要改變思想，類接勁，不做纏粘。

1/8 —— 不可動，一動即呼吸。專氣致柔。

人不動己不動，人若動順彼動。必以旋臀避其實、就其虛，使彼現實，擊其虛。

2/16 ── 剝皮，剝彼身中硬枝之皮。
　　未動先以呼吸代之身即柔，專氣致柔。
　　以上動下，以下動上，以此處動彼處。
　　內裡關節節節相互動相連。
　　著力在骨、在脊，身可柔。

3/4 ── 手上鼓勁，纏勁才強。
　　周身關節互拉，連為一氣。

3/25 ── 未動先柔，把柔勁動出來，動柔一體，不可因動而生僵。

3/28 ── 接觸到力，身上力不要增，只能少。

3/29 ── 不管如何動，勁一直要收到身內，勁由內走。

4/3 ── 背與腿互相拉住勁，身穩勁大。背把腿拔到背上，站得穩。身上刻刻要有兩處相拉拔之意，以保持身上勁。

4/21 ── **太極拳真功**─打無形招式，意想外面招式，而形不要動。由是全在內打內勁內形，無上真功。外面要全不動。

鼓周身氣動用喘內氣，喘腳跟內氣。

5/2 ── 以臀底碾碎臀下的花生（意想），不斷練碾，練意勁。

以小腿原地走路是一人練推手，著力在小腿。

5/3 ── 用意不用力，是意在用力，不用身力。例如好像移極重之物，只用意，未用力，這是勁。

5/4 ── 力由胯發，動一定要先動胯。先動他處不但僵硬，而是散亂無章。

意著力於脊，呼吸在脊，既是練功，又是養生。

5/6 ── 動著意於腿，腿用意鼓勁，鼓足勁。脊中有一線，乃柔，突出一線。

5/17 ── 有微細之僵，立即鬆掉，使僵毫髮無存。

學地板體操，身不動，心作各種方向之翻跳，實是練內在變化。

5/18 —— 發勁要化有為無，以虛勁前貼，心想不要用手與動。亦可用以上動下發。動他處發，不要用接處發。

5/20 —— 只要腿氣跟隨周身氣一起流，就不會倒。倒沒關係，就怕周身沒有一體相連柔軟。陰陽合一呼吸，即以一處，結合他處一起呼吸，陰陽相濟，成周身呼吸。

5/24 —— 發勁原路不走，原勁不用，必以虛貼，虛迎。

5/27 —— 非動，只用拉筋，只在拉筋，找筋拉。拉筋即是打太極拳了。

6/20 —— 以身動踝，身踝互動，周身氣勁動。

7/3 —— 出掌並非出掌，而是用周身氣，受阻噴不出去，掌自出，才是用氣出掌。出腿也是一樣。

7/6 —— 人推扭我，我用扭動周身骨節應對，在走架中練，功非小可。

勁在掌指不可缺。周身勁落於腳及小腿，乃是自

練推手。練拳架本是在自練推手。

　　練周身收放，以增進內勁，功非小可。

7/9 —— 身勁要有斷裂之想，乃鬆柔無滯，非只是鬆沉。

　　凡動必運作內勁，乃能周身一家，周身粘勁。

7/10 —— 意著渾元一點，於是周身鬆，勁乃大。

7/14 —— **飛腿功**—想像中作飛腿跳躍，以意練體。發放用皮毛。

7/16 —— 已完全不能自動，全靠扭身內勁動，實乃基本內勁功。腳要有跟勁。

　　不能移不能動，只能扭，可絕處逢生，反敗為勝。意想以向後或向前擠過細縫，收小腰成一線亦是一樣。以練體用。

12/8 —— 化轉內勁在踝不在腰，乃鬆。

2013年 —— 動中求靜，動靜合一，為太極勁。用動中求不動之意即有，則進中即有退，退中即有進，扭中有不扭，陰陽合一。

【太極拳的最高境界】

無狀之狀，無物之象—太極拳是形而上的心神意
氣勁。

真空不空，妙有非有—無為而無不為也。
真空妙有—真正的空之中，有非常人所知的有。
真空不空—非一般所知的空，空中有物。
妙有非有—非一般所知的有，空中之有。

真空妙有在太極拳—真空是由於拳法要求鬆柔不
用力，以求去盡人體先天本有的有為之能，使周
身空無所有；妙有是由於鬆柔不用力之後產生內
勁，係人體的潛能，非常人所能知，而是妙有。

太極拳乃返樸歸真的修為，入道之門。

【第十四冊結束】*2005年1月1日~2013年筆記*
陳傳龍於2019年5月20日重新修潤整理完畢。

神 意 十 八 式
│ 太極拳內功心法 │

陳傳龍 / 創編 2017/7/23

本功法共18式，在此次《太極拳透視》下卷，刊出
13~18式，其餘1~6及7~12式分別於《太極拳透視》上
卷及中卷書中陸續刊出。

第一式、頂天立地

第二式、大鵬展翅

第三式、撥雲望月

第四式、翻江鬧海

第五式、穿環退環（前、側、上、下）

第六式、開闔天門（馬步）

第七式、舒腰固腎

第八式、童子摘梨（上、前、側）（馬步）

第九式、玉女奉茶（馬步）

第十式、撥草尋蛇（馬步）

第十一式、擠身穿環

第十二式、旋臀磨地

第十三式、活骨舒筋

第十四式、扭身搬鼎（馬步）

第十五式、魚躍龍門

第十六式、吊襠壓臀
第十七式、搖身灌漿
第十八式、隱身化風

【功法說明】

（1） **命名**：本功法以「神意」為名，由於行功所產生的作用全在於心中的神意，不在外面的形式，提請學者勿以外在形式為主求，心中求外在形式是全無作用的。

（2） **特質**：本功法的特質與優點，係由於將太極拳運作的精奧融入其中，所以於行功時立即會有作用產生，即使是初次學習，也會在手上或腳上有麻、脹、熱等氣感產生，並產生內動，這就表示在生理功能上已有了行功的效果。

（3） **目的**：本功法為太極拳的基礎功，一般而言，可以養生益壽、祛病延年。在太極拳而言，培養堅剛的體，以為拳術之用。

（4） **練習**：除飯後半小時內不要練以外，其他時間均可練、每一式練的次數可在3至24次內，視運動量的高低，及個人需要而定。或在整套練習以外，挑選其中任何一式單獨練習，次數不拘，練習愈久愈佳。練習時，心中求鬆柔

舒暢，不可用用力之心，呼吸純順自然為要。

（5）在練第一式「頂天立地」時，練習時間久了，由於啟動了先天內氣，而有身體自動的情形，可不必介意，乃是自然現象。待氣通了以後，自會不動。稍後如再有內氣啟動，又會動了，以後又可不動，即所謂的「動則不通，通則不動」，在太極拳中所謂的氣，即是這種內氣。功深以後，可以由心意運行，這就是經典所云的「**以心行氣，以氣運身**」。練氣的方式甚多，本功法亦是一法，要以自然的方式，方不致有害。所以行功心解云：「**氣以直養而無害**」，直養就是自然養。

在練其他各式時，內氣充沛時亦有震動的情形，這是氣的成長，可以愈養氣愈足。

（6）各式在外在形式上雖或有相近似者，但內在神意則是完全不同的，功在神意不在形式。如只有動作不用神意，是完全沒有效果的。

★★注意★★

1、全套功法練完，可自由散步，若有時間，可再練一遍或數遍，或挑選任何一式，不斷地練。

2、本功的功效全在於心中的如何運作，神意要想得對，求外面的形式是全無作用的，推而及於太極拳，功效也是在於心中的運作，不在於求外面的形式，求外面的形式，就成了毫無太極拳的空架子。

3、本功法本為修習太極拳而編，運動量較高，以增進功與體。太極拳之本在於體，老弱者可只練1至4式(見《太極拳透視》上卷)，乃舒筋養氣之功，運動量較低，持久多練，必可收返老還童之效。待體能許可，亦可整套練習。

4、將本功法融入拳套姿式中來練，能有非同小可之功。心中不以外在姿式為主求，可採用十八式中任何自認適合的一式為主求，任何一式之功法均可在拳套中運用，或專心練一式均可。如此練才有了太極拳的實質內涵，而非只練一個外在形式。由於本功法的作用全在於神意的如何想，不在於外在姿式的如何，因此可以融入任何拳套姿式中運用。

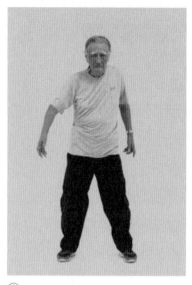

①

②

③

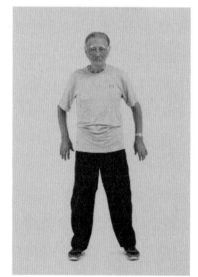

④

【功法運作】
第十三式：活骨舒筋

◆著法：

立身同「頂天立地」。雙手自
然下垂，身向左右扭旋，心想
扯開周身筋骨再收緊，反覆行
之。心中求扭中不扭，作用在
於扭中不扭的反向作為，以活
動調整周身內在筋骨，左右各
一次為一遍，要慢、輕、鬆、
不用力，力求舒暢自然。心意
同時要注意到內在筋骨在活
動。

作完收勢，回「頂天立地」。

◆感覺：

手上有氣感，感到周身在內
動。

◆功效：

功在旋扭中，心中求調整周
身內部筋骨之內動，心中神
意要運作得對，不可求外形
的動。要以外動催動內動，
全在求內動。

①

②

③

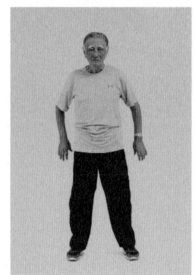

④

第十四式：扭身搬鼎（馬步）

◆ 著法：

立身同「頂天立地」。右足
橫跨作騎馬式，兩臂在胸前
抱起，假想好像抱一個大
鼎，用臀部之力不用手力向
左扭動，把鼎擺在左邊；再
以臀部之力向右扭轉，把鼎
擺在右邊為一遍，如此反復
轉扭，力求慢、輕、鬆、不
用力。臀部之力即檔胯力，
重要的是心中要用檔胯出力
來動，不用手力。

作完收勢，回「頂天立地」。

◆ 感覺：

手上有氣感，周身有內動，兩
腿受力大。

◆ 功效：

功在旋動中，力全由胯腿出，
他處不可出力，並求慢、輕、
鬆、不用力，心中神意要想得
對，可鍛鍊檔胯扭旋之功。

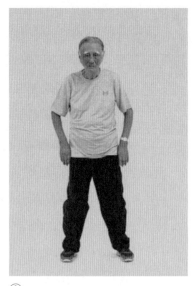

①

②

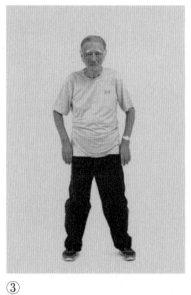

③

④

第十五式：魚躍龍門

◆ 著法：

立身同「頂天立地」。心想用
足底之力向上跳，想一次為一
遍。周身力求鬆柔，跳時可使
身稍有上下移動，立身要垂
直。兩臂隨上跳勢自然微曲。
作完收勢，回「頂天立地」。

◆ 感覺：

周身感氣動，並產生內動。

◆ 功效：

功在動作中，心求力全由腳
底出，他處不可出，心中神
意要想得對，日久產生彈簧
勁。

①　　　　　　　　②

③　　　　　　　　④

第十六式：吊襠壓臀

◆著法：

立身同「頂天立地」。輕輕向左側轉45度，左足在前，右足在後，重心落於右足，兩手自然置於胸前，左手前，右手後，然後心中輕輕行弓腰縮腿，以神意弓腰後，再用腰胯力，輕輕將腿腳縮到腰胯上來，然後再作壓臀插腿，以臀向下壓，將腿插入地下，往復做三次。左式作完，重心落於左足，再作右式，也是往復三次。左右各往復一次，是為一遍。作時要慢、輕、鬆、不用力，全是以神意作內動而身形未動。

作完收勢，回「頂天立地」。

◆感覺：

周身感氣動，並產生內動。

◆功效：

功在練習胯腿上下柔軟伸縮，運用胯腿，上身完全不參與，並可使周身氣血和暢流通。

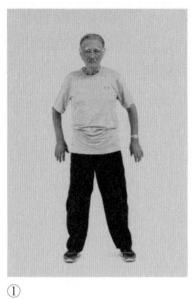

①

②

③

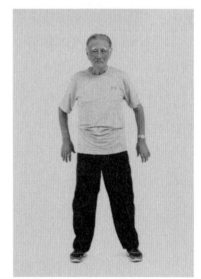

④

第十七式：搖身灌漿

◆ 著法：

立身同「頂天立地」。輕輕左
右扭擺己身，兩手作45度分開
於身側隨身自然擺動，假想藉
搖身將全身氣血由上向下灌，
左右扭擺一次是為一遍，如灌
水泥漿似的不斷下灌，周身要
慢、輕、鬆、不用力。
作完收勢，回「頂天立地」。

◆ 感覺：

周身舒暢自然，有玉漿下流
之感，身手均有氣感。

◆ 功效：

功在以神意假想氣血下流，
日久內氣充沛，是練內勁鬆
沉之功。

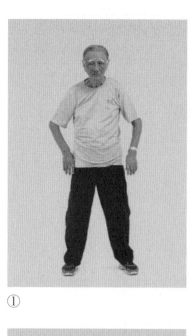

①

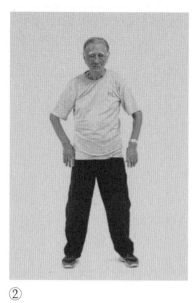

②

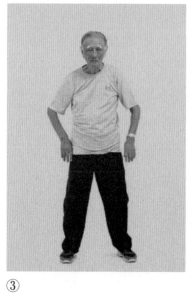

③

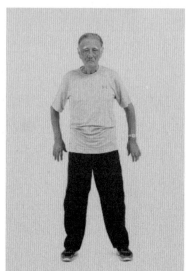

④

第十八式：隱身化風

◆ 著法：

立身同「頂天立地」。假想己身化成一陣清風，向四周散開，同時心想將身體隱蔽起來完全不見了。此時己身略有向下鬆沉，兩臂因身體下沉而略有向左右自然分開，非刻意分開。心中要慢、輕、鬆、不用力。本式全在於心中的想，無外在姿式可言，想一次就是作一遍。

作完收勢，回「頂天立地」。

◆ 感覺：

功深得氣後，感覺周身舒暢自然，身體略有下沉，兩臂自然分開，如小鳥欲飛之狀。身手均有氣感，初學無感覺。

◆ 功效：

以神意假想將身化成清風，日久內氣充沛。

太極拳本義

【拳論】— 王宗岳

說明：拳論是太極拳的理論依據，自古以來有關太極拳理論的傳承僅此一篇，闡明太極拳陰陽動靜變易的自然法則，用諸於拳術而為太極拳。

　　太極者，無極而生，陰陽之母也。動之則分，靜之則合。無過不及，隨曲就伸。人剛我柔謂之走，我順人背謂之粘。動急則急應，動緩則緩隨。雖變化萬端，而理為一貫。由著熟而漸悟懂勁，由懂勁而階及神明。然非用力之久，不能豁然貫通焉。

　　虛領頂勁，氣沉丹田。不偏不倚，忽隱忽現。左重則左虛，右重則右杳。仰之則彌高，俯之則彌深。進之則愈長，退之則愈促。一羽不能加，蠅蟲不能落。人不知我，我獨知人，英雄所向無敵，蓋皆由此而及也。

　　斯技旁門甚多，雖勢有區別，概不外壯欺弱、慢讓快耳。有力打無力，手慢讓手快，是皆先天自然之能，非關學力而有也。察四兩撥千

斤之句，顯非力勝；觀耄耋能禦眾之形，快何能
為？

立如平準，活似車輪。偏沉則隨，雙重則
滯。每見數年純功，不能運化者，率皆自為人
制，雙重之病未悟耳。欲避此病，須知陰陽。粘
即是走，走即是粘。陰不離陽，陽不離陰，陰陽
相濟，方為懂勁。

懂勁後，愈練愈精，默識揣摩，漸至從心所
欲。本是捨己從人，多誤捨近求遠。所謂差之毫
釐，謬以千里，學者不可不詳辨焉，是為論。

【拳經】— 武禹襄

說明：闡明太極拳運作的要訣。

一舉動周身俱要輕靈，尤須貫串。氣宜鼓盪，神宜內斂，無使有缺陷處，無使有凹凸處，無使有斷續處。

其根在腳，發於腿，主宰於腰，形於手指，由腳而腿而腰，總須完整一氣，向前退後，乃能得機得勢。有不得機勢處，身便散亂，其病必於腰腿求之，上下前後左右皆然。凡此皆是意，不在外面。

有上即有下，有前即有後，有左即有右。如意要向上，即寓下意，若將物掀起而加以挫之之力，斯其根自斷，乃壞之速而無疑。

虛實宜分清楚，一處有一處虛實，處處總此一虛實，周身節節貫串，無令絲毫間斷耳。

【十三勢歌行功心解】— 武禹襄

說明：闡明太極拳內在意氣的運作。

以心行氣，務令沉著，乃能收斂入骨。以氣運身，務令順遂，乃能便利從心。精神能提得起，則無滯重之虞，所謂頂頭懸也。意氣須換得靈，乃有圓活之趣，所謂轉變虛實也。

發勁須沉著鬆淨，專注一方。立身須中正安舒，支撐八面。行氣如九曲珠，無微不至。運勁如百煉鋼，無堅不摧。形如搏兔之鶻，神似捕鼠之貓。靜如山岳，動若江河。蓄勁如張弓，發勁如放箭。曲中求直，蓄而後發。力由脊發，步隨身換。收即是放，斷而復連。

往復須有摺疊，進退須有轉換。極柔軟，然後能極堅剛。能呼吸，然後能靈活。氣以直養而無害，勁以曲蓄而有餘。心為令，氣為旗，腰為纛。先求開展，後求緊湊，乃可臻於縝密矣。

又曰：彼不動，己不動；彼微動，己先動。似鬆非鬆，將展未展，勁斷意不斷。

又曰：先在心，後在身；腹鬆淨，氣斂入骨。神舒體靜，刻刻在心。切記一動無有不動，

一靜無有不靜。視動猶靜，視靜猶動。

　　牽動往來氣貼背，而斂入脊骨。內固精神，外示安逸。邁步如貓行，運勁如抽絲。全身意在精神，不在氣，在氣則滯。有氣則無力，無氣則純剛。氣若車輪，腰如車軸。

【十三勢歌】

說明：對太極拳做整體的描述、及其運作的內容。

　　十三總勢莫輕視，命意源頭在腰際。

　　變轉虛實須留意，氣遍身軀不少滯。

　　靜中觸動動猶靜，因敵變化示神奇。

　　勢勢存心揆用意，得來不覺費工夫。

　　刻刻留心在腰間，腹內鬆淨氣騰然。

　　尾閭中正神貫頂，滿身輕利頂頭懸。

　　仔細留心向推求，屈伸開合聽自由。

　　入門引路須口授，功夫無息法自修。

　　若言體用何為準？意氣君來骨肉臣。

　　詳推用意終何在？益壽延年不老春。

　　歌兮歌兮百四十，字字真切義無遺。

　　若不向此推求去，枉費功夫貽嘆息。

【打手歌】

說明：闡明推手的法則。

　　掤攦擠按須認真，上下相隨人難進。

　　任他巨力來打我，牽動四兩撥千斤。

　　引進落空合即出，沾連粘隨不丟頂。

【真義歌】

說明：為太極拳進入空無的最高境界。

　　無形無象，全身透空。

　　應物自然，西山懸磬。

　　虎吼猿鳴，泉清水靜。

　　翻江鬧海，盡性立命。

太極拳本義

【拳論】

【拳經】

【十三勢歌行功心解】

【十三勢歌】

【打手歌】

【真義歌】

此六篇，在作者陳傳龍老師著作「太極拳本義闡釋」
中，均有詳細意譯及解釋。

| 眾妙之門・下卷 | 9 |

太極拳透視

作　　者｜陳傳龍
發 行 人｜曾文龍
總 編 輯｜黃珍映
文字繕校｜林燦螢、黃珍映、薛明貞、沈盈良、鄭秀藝
美術設計｜劉基吉
圖片攝影｜吳文淇
出版發行｜金大鼎文化出版有限公司
　　　　　臺北市 10688 大安區忠孝東路 4 段 60 號 10 樓
　　　　　網　址：http://www.bigsun.com.tw
　　　　　出版登記：行政院新聞局局版北市業字第 200 號
　　　　　郵政劃撥：18856448 號／金大鼎文化出版有限公司
　　　　　電　話：(02) 2721-9527 傳 真：(02) 2781-3202
製版印刷｜威創彩藝印製有限公司
總 經 銷｜旭昇圖書有限公司
　　　　　地址：新北市中和區中山路 2 段 352 號 2 樓
　　　　　電話：(02) 2245-1480

◆2019 年 8 月 第 1 版　◆定價 / 平裝 新臺幣 350 元
◆ ISBN 978-986-97217-5-2

國家圖書館出版品預行編目（CIP）資料

太極拳透視：眾妙之門.下卷 / 陳傳龍著.--
第 1 版 .-- 臺北市：金大鼎文化，2019.08-
冊；　公分
ISBN 978-986-97217-3-8(第 7 冊：平裝). --
ISBN 978-986-97217-4-5(第 8 冊：平裝). --
ISBN 978-986-97217-5-2(第 9 冊：平裝)
1. 太極拳

528.972　　　　　　　　　　108011124